伸芽会式

子どもを伸ばす家庭教育「5つの力」

伸芽会教育研究所
佐藤眞理

講談社

はじめに――幼児期の〝家庭環境〟が左右するもの

子どもたちは日々、成長しています。特に小学校に上がる前の一年一年は、どこをとっても何にも代えがたい時間です。

この時期に、私たち大人は何をしてあげられるでしょうか。

伸芽会は、1956年以来、幼児教育の先駆者として12万人を超える子どもたちやそのお父さんお母さんたちに接しながら、小学校就学前までの「子どもを伸ばす幼児教育」を半世紀にわたって実践してきました。その結果、慶應義塾幼稚舎、早稲田実業学校初等部をはじめとした名門小学校の合格占有率は70％（伸芽会オープン模試受験者）を超えています。

それを支えているのが、これから本書でお伝えする教育法です。

最初にこのように私たちの実績についてお話をすると、この本を手に取ってくださった方の中には、「うちの子は小学校受験はしないから関係ない」という方もいらっしゃるかもしれません。

しかし伸芽会では、そもそも受験合格だけを目標にしたような学習は行っていません。真の目的は、「子ども自身が考え生き抜く力＝人間力」を育てることにあります。

また、よく誤解されている方もいらっしゃるようですが、今の小学校受験で重要視されていることは、ＩＱの高さや知識の量といった詰め込み型の教育の成果などではなく、将来の目標に向かって、自らが考え生きていく力です。これは小学校受験のみならず、世の中全体でも必要とされていることです。本文中でも受験の出題内容などを例えとしてお話に出すことがありますが、受験をしないご家庭でもきっと多くの有益な子育てのヒントになると思います。

どんな才能も、磨かれることで光ります。子どもたちが生きていく上で必要不可欠な力を高める最も重要な時期が、就学前の幼児期にあるのです。その中でも幼児期の家庭教育がその子の人間性や能力を左右し、人生の充実度にも影響すると言ってもいいでしょう。

お父さんお母さんをはじめ、ご家族のちょっとした言葉や接し方の積み重ねが、子どもの将来に大きな影響を与えるのです。

本書では、伸芽会ならではの教育メソッドの中から、「家庭教育」に焦点を絞ってご紹介したいと思います。これは就学以降のお子さんへも有益なお話であり、わが子の将来をいちばんに考えているすべてのお父さんお母さん方に、ぜひ実践していただきたい内容ばかりです。

将来、お子さんがご両親の元から自立して社会に出た時、あらゆる状況に対して、しっかりと自分の手で人生を切り拓けるかどうかは、お父さんお母さんの環境作りにかかっています。

お子さんが、豊かで幸せな、充実した人生を送っていくための第一歩を、今日からぜひ実践してください。

◉目次

第2章　「創造力教育」で子どもの潜在能力を引き出す

第5章 「5つの力」を伸ばす家庭教育法10

第6章 自分の人生を切り拓く原動力を育てるために

第1章

子どもの将来は周囲の環境で決まる

「親だからわかる」こと

小学校に上がる前というのは、学校で正式に文字の読み書きを始める前、いわゆる「勉強」をする前に、人間力のベースとなるものを育てる、貴重な時期です。

そして、家にいる時間が長い分、家庭環境からの影響をいちばん受ける時でもあります。

伸芽会の教室にお見えになるお父さんお母さんは、育児書などもよく読まれて、情報や知識をたくさん持っている方が多いようです。

ただ、最近少し気になるのは、**「与える」ことに集中しがちなご両親が多い**ということです。

もちろん与えることもないがしろにはできませんが、逆に**子どもが発するサインを「受け止める」ことも、じつはとても大切なこと**なのです。

言葉が出る前の赤ちゃんでも、泣いて意思表示をします。その泣き方でお母さんは赤ちゃんが言いたいことをくみとって、おむつを換えたり母乳をあげたりします。同じように、喃語《なんご》と呼ばれる言葉にならない声を出すようになってきた時にも、お母さんがそれを十分に受けとめ、反応してあげているかどうかは、子どもの成長に大きく影響します。

ある調査では、幼児が発するいろいろなサインに対してまったく無関心な母親が育てた場合、その子どもはあまり周囲に関心がなく、吸収力も明らかに劣っていたという結果が出ています。

家庭教育は、与えるだけのものではなく、まずは声のトーンやしぐさ、表情など**子どもが発しているサインを受け止める**ことから始まります。これができるかどうかは、育児のカギとなる親子の信頼関係にも影響してきます。

信頼関係は、言葉を話す前の赤ちゃんとお母さんの間にもすでに生まれているものです。自分が出すサインにちゃんと反応してくれるお母さんだからこそ、子どもたちは安心して外の世界を学ぶことができます。子どもたちが順調に次のステップへ進むためにも、親はサインを見逃さないアンテナをはり、子どもの表現力をふくらませていく言葉がけを心がけましょう。

言葉の表現が未熟な幼児期でも、毎日一緒に過ごしている親だからこそわかることは、必ずあります。それは、どんな育児のマニュアル本を読んでもわからないことです。子ども自身ときちんと向き合い、対話することで、必ず見えてくるものがあるはずです。

子どもたちとうまく対話するために、私たち大人はいったい何を心がけて接してあげればいいのでしょうか？　今、迷っているお父さんお母さんに、伸芽会ならではの教育メソッドについて、これからお話ししたいと思います。

成長には必ず個人差がある

日々たくさんの子どもたちに接する私たちが、教室の中で特に気をつけていることがあります。それは、**子どもには必ず「個人差」がある**ということです。

心身の発達段階や興味をもつ対象などは、すべての子どもがまったく同じというわけにはいきません。単純に他の子どもと比べて心配したり、悲観する必要はないのです。

お母さんは特に子どもと寄り添う時間が多いので、子どもたちはお母さんの心の状態までも敏感に感じ取っています。

「うちの子は遅れているのでは」

そんなお母さんの不安を、知らないうちに子どもたちは感じています。子どもの順調な発育には、まず**お母さんの精神状態が安定することが第一**なのです。そのためには、精神的な支えとしてお父さんの力も必要です。

お父さんは、日々の子育ての中で出てくるさまざまな不安を大小問わず受け止め、話を聞いてあげることから始めてみてください。

核家族化が進み、近所づきあいも減っている今、お父さんに少しでも話を聞いてもらうことが、お母さんにとっては心のよりどころとなるのです。心の余裕を持って子どもと向き合えるように、ぜひその力添えをしていただければと思います。

子どもの「四無主義」が増えているワケ

子どもに向き合ってサインを受け取るということは、過保護にするのとは違います。「過ぎる」ことは、何にでも弊害があるものです。

あくまでもサインは受け取るもの。出してもいないサインにまでこちらから世話を焼き過ぎると、子ども自身の成長を妨げてしまう場合があります。

過保護に育てられた結果、今、**「四無主義」の傾向がある子どもたちが増えて**

います。「四無」とは、**無口・無表情・無協調・無気力**の4つです。周りにそんな傾向のお子さんはいませんか?

1歳児ならまだしも、2歳や3歳になっても、とってほしいものを指さして、「んー、んー!」などと声を出すだけといったお子さんは、少し心配です。個人差はありますが、歩けないうちから、ほしいものがあれば自分でハイハイしてでも取りに行くくらい欲求が強いほうが、エネルギーを感じます。

現代は少子化によって、ひとりの子どもを取り囲む大人の数が多くなりました。子ども自身で何も訴えないうちに、**周りの大人が何から何まで世話を焼いてくれるという環境**が、「サインを出さなくてもやってくれる」「自分から発信しなくてもいい」状況を作り上げてしまっています。子どもたちは知らないうちに、**自己表現をする機会を失っている**のです。

また逆に、お母さんが何も反応してあげないという**行き過ぎた放任主義**から、「サインを出しても意味がない」状況ができ、子どもが四無主義に陥るケースもあります。どちらも「過ぎる」ことによる悪影響です。

こんな例もありました。いつもはつらつとした素敵なお母さんなのですが、お子さんのほうはあまり笑わず、感情も顔に出しません。おかしいな、と思っていたら、じつはこのお母さん、感情の起伏がとても激しくて、元気な時はいいのですが、そうでない時は心配や怒りといったネガティブな感情をそのまま子どもに向けてしまっていたのです。

まだ自己表現力が未熟な子どもは、自分を守るために感情を押し込めるしかありません。あまり笑わなかったり、必要以上に感情を出さない幼児は、お母さんが不安定なことに原因がある場合も少なくないのです。

生まれ持った性格もありますが、あまりにも口数が少なく、表情がなく、周囲に合わせることもできず、好奇心の薄いようなお子さんは、やはり心配です。好奇心や発見の喜びは、その後の人生を切り拓いていくためにも必要不可欠なものだからです。こういった力を伸ばせるかどうかも、親の働きかけひとつで変わってきます。

今のお父さんお母さんは、教育熱心であるがために、子どもにつきっきりになり、知らず知らずのうちに過保護・過干渉になりがちです。子どもはかわいいものですから、与えられるものは何でも与えたくなりますし、どんな危険も遠ざけたくなる気持ちはよくわかります。

しかし、子どもたちは大人が思うよりずっとたくましく、自分の力で吸収していく力を持っています。そこで親としてまずするべきことは、**子どもたちが自分で学べる機会をたくさん与えてあげる**ことです。

IQの高さよりも重要視されるもの

子どもたちによりよい環境を与えたい。その思いから、小学校受験を考えるご両親が増えています。もちろん、公立の小学校が悪いわけではありません。ただ、先ほどの「四無主義」もそうですが、社会生活に対応できない子どもが増えたことで、授業中も座っていることができず、学級崩壊を起こしているクラスが後をたたないのも事実です。

今、私立の小学校が求めている生徒像が、けっして**ＩＱの高さや知識の量ではなく、「社会性」や「人間力」を最重要視する傾向がある**のも、無関係ではないでしょう。伸芽会がこの約半世紀、現場での経験を通して目指してきたところも、やっぱり同じでした。

誤解している方もいるようですが、小学校受験はけっして個性を統一化するようなものではありません。むしろ子どもらしいあふれる**個性を重んじて合否を決める学校が多い**、と言うほうが当たっています。また、どういう個性を持った子どもかということは、どういう個性を持ったご家庭かということにつながってきます。

絶対にこれが正しいという教育法はなく、１００人いれば、１００人それぞれのやり方があっていいと思います。本書では、その個性の土台となる基礎力作りや、潜在能力を引き出すヒントを公開することで、家庭での子育てのお手伝いができたらと考えています。

これは、小学校受験をするしないにかかわらず、どんな子どもでも有効です。

一般的に、日常生活で子どもと接しているお母さんは、その子の性格や人間形成のベースに大きな影響を与えると言われています。また最近はお父さんにも教育熱心な方が増えていますが、そういうお父さんの教育から、秀でた才能を発揮する子どもが多いというデータもあるようです。

幼い頃から才能を開花させたモーツァルトなども、父親が熱心な英才教育をしたことで知られています。科学者にもそういった例は多いですし、メジャーリーグで活躍するイチロー選手や、プロゴルファーの石川遼《いしかわりょう》選手、横峯《よこみね》さくら選手なども、お父さんが教育熱心だったことが知られています。

親は子どもに対して、かわいければかわいいほど期待があり、不安がありま
す。

親から一方的にではなく、子どもを信じ、受け止めて、きちんと対話していく

ことで、一歩一歩、バランスのいい心身を育てていきましょう。

将来のために不可欠な「5つの力」

伸芽会では、子どもたちの順調な成長をみるための指針として、「5つの力」を掲げています。後の章でくわしく述べていきますが、5つの力とは、**「見る力」「聞く力」「考える力」「話す力」「行動する力」**。どれも社会性や人間力につながっていく基礎となるものです。

たとえば「見る力」とひと口に言っても、「与えられたものをよく見ましょう」ということだけではありません。ものの本質を見分け、違いを感じるということも含まれます。

「聞く力」は、先生や親の話に耳を傾けるだけではなく、たとえば遊びの中でお友だちの話を聞いてあげられるか、といったこともあります。

子どもたちは本来直感的なので、ただなんとなく行動してみたり、問題を出されてみても勘で答えたりしがちなのですが、どんな問題もただ正解を出せばいいのではありません。それをどう導き出すか、「考える力」を養っていくことが大切です。

そして、社会で人とコミュニケーションをとっていくために必要な「話す力」、自分から発信していくための「行動する力」、どれも子どもたちの将来にとって必要不可欠な力なのです。

しかし、子どもが実際どんなふうにものを感じとっているかということは、外からはなかなかわかりません。それを知るには、何か問いかけてみたり、絵

や体で表現させてみることがいちばんです。

たとえば同じバラの花でも、花びらが落ちてしまって葉だけになってしまったようなものは、「バラ」だということに気づいていない子どももいます。葉っぱが同じでも、子どもには同じものには見えていないのです。

同じものを見ても、その子によって感じ方はさまざまです。それまでにどんな経験をしてきたか、どんな個性を伸ばしてきたかによって、こちらから問いかけることへの答えは変わってきます。

小学校受験でも、複数の課題の中でこの「5つの力」が試されます。それぞれ一つひとつ独立して試されるものではありません。「見る力」と「聞く力」が同時に試されているものもあれば、「考える力」と「行動する力」が必要になってくる課題もあります。

では、小学校へ上がるまでに、子どもたちはどんなことができていればいいのでしょうか。お父さんお母さんは気になると思います。

以下、「５つの力」それぞれについて、５歳、６歳になるまでにはできるようになっておきたいポイントを次のページにまとめました。

お子さんは、いくつ当てはまりますか？

［小学校までに身につけたい「5つの力」チェック！］

●見る力

□周囲のことに興味や関心が持てる。
□風景や人物など、全体の印象をつかんだ絵が描ける。
□絵や図形などを比較し、違いを見分けることができる。

●聞く力

□絵本のお話を集中して聞ける。
□言ったとおりに自分の服をたたんだり、おもちゃの片づけができる。
□「てにをは」や、「より」「ずつ」など、助詞をきちんと理解して聞くことができる。

●考える力

□わからないことは、「なんで？」「どうして？」と問いかける。
□工作をする時や絵を描く時、自分なりの工夫ができる。
□お手伝いも自分で考えて合理的に進められる。

●話す力

□初めて行った場所、初めて会った相手でもきちんとあいさつができる。
□体験したこと、思っていること、自分の喜怒哀楽を言葉にして話せる。
□単語だけではなく、文章の会話ができる。

●行動する力

□やると決めたら、最後までやり通すことができる。
□公共の場などでは、その場に合わせたふるまいができる。
□自分のことだけではなく、お友だちのことも考えて行動できる。

「小学校受験＝詰め込み教育」という誤解

ここで、小学校受験で幼児に出される課題についても少しお話ししておきましょう。課題の内容はそれぞれの学校の方針によってさまざまですが、大きく分けると、「ペーパーテスト」「個別テスト」「集団テスト」「運動テスト」「面接」があります。

多くの方は、「ペーパーテスト」の印象が強いようです。これは話の記憶、数量、常識、推理、思考、構成力などを見るものですが、そのため、伸芽会に来られるお父さんお母さんの中にも、「文字や計算の問題集を段ボール何箱分もやらないと合格できない」とか、「スパルタで教える英才教育をしなければいけない」といったことを、本当に信じている方もいます。

小学校受験は、そのような詰め込み教育で合格できるものではありません。

「ペーパーテスト」を行うのも、ただ詰め込まれた知識を見ているのではなく、答えを導き出すための「考える力」、先生の指示を「聞く力」、また限られた時間の中できちんと集中することができるかどうかといったようなことが試されているのです。

別の教室に通っていたというあるお子さんが初めて伸芽会の教室に来て、出された課題が何もできなかったことがありました。おそらく「決まった質問と1つのやり方で出す答え」だけ教え込まれてしまった弊害でしょう。もしかすると前の教室と同じ状況を再現して、同じ質問の仕方をすれば、その課題はできたのかもしれません。質問と答えを機械的に覚えてしまった結果、考える力が育たず、どんな状況にも対応するということができなかったわけです。

そもそも、子どもは基本的に「嫌なこと」はしません。どんな課題も**楽しみながらできなければ、なかなか身につくものではない**のです。一つひとつの課題は、無理やりやらされるのではなく、自らやりきるからこそ達成感があり、自信や考える力がつくのです。

子どもたちに眠っている潜在能力をうまく引き出せるかどうかは、周りの大人がどう考え、接してあげるかにかかっています。これから小学校受験を考えているご家庭でも、ただ「勉強させればいい」というものではけっしてないので、誤解のないように取り組んでいただきたいと思います。

すぐに「抱っこ！」の習慣が発育のさまたげに

年相応の健康な身体能力が育っているかどうかは、小学校受験でも「運動テスト」の中でチェックされます。平均台やマット、ボールなどを使った運動や、ダンスなどでの表現が課されます。ここでは、**指示をきちんと理解して行動できるか、やり遂げる意志があるか**といったことも見られています。

最近は運動が苦手な子どもが増えていますが、ひとつの原因は、やっぱり**「過保護」**によるものです。3歳を過ぎてもまだバギーに乗せているお母さん、いらっしゃいませんか？

歩くのが不慣れな子どもを連れての外出に、どうしても効率を優先させてしまう気持ちがあるのでしょう。しかし、こういったささいなことの積み重ねが子どもの運動不足につながり、発育にも悪影響を及ぼしているのです。

実際、子どもは1歳くらいから歩けるようになります。もちろん大人よりも体力がないので、長時間歩き続けるのは難しいでしょう。それでもやはり、すぐに「抱っこ!」となるのを習慣づけてしまうと、歩く力をつけ、発育を促す機会は減っていきます。どこに行くにも車での送り迎えというのも、あまりおすすめできません。

年相応の発達段階を見る目安としては、「片足バランス」を試してみるのもいいと思います。本来、年長さんごろになれば、片足立ちになって45秒から1分くらいは立っていられるはずなのですが、中には10秒もがまんできない子どもがいます。

「両足跳び」は、1歳半くらいになればできるようになります。両足で踏み切って、1センチでも跳び上がることができれば年相応です。

もちろん個人差はありますが、じっと立っていられなかったり、ちょっとした距離も歩けないようなお子さんには、遊んであげる中で「お母さんと一緒にカカシさんになって、あそこまで行ってみようか?」などとうながしてみるのもいいかもしれません。

お母さんが一緒になってやってみせることで、マネをして遊ぶことが大好きな子どもたちは楽しく運動することができます。

できなくても「練習」をさせるのではなく、あくまでも「遊び」の中で楽しくできるようにするのが幼児教育です。

たとえば伸芽会では、音楽に合わせて体を動かすという方法を取ります。「ここは走るところ」「ここは歩くところ」「ここは片足ケンケン」「ここはケンパー」「ここはクマ歩き」……と、リズムに合わせていろいろなポーズをしながら、元気な体を作っていくのです。

子どもは失敗してこそ学ぶ

小学校へ上がったら、お子さんは親の送り迎えはなく、ひとりで通学しなければなりません。その途中でもちゃんと自分で最低限の危険回避はできるように、年相応の体力はつけておきたいものです。

それなのに、歩けるようになり、だんだんと親の目の届かないところまで行動範囲を広げていく頃には、「走ったら危ない」「転ばないように」と、親は子どもが失敗しないように先回りをしがちです。ところが、**子どもたちは失敗の中でこそ学んでいく**のです。

本当に危険なものに対しても、たとえば熱いストーブなら、一緒に近くまで行ってみて、「これ以上近づいたら、熱くてやけどしちゃうよね」と実感して、初めてわかることもあります。

とがったものなども、一緒にそうっと先を触ってみて、「これは刺さったら痛いよね」と、感覚に訴えるほうが効果的なのです。ただ「危ないからダメ！」ではなく、**子ども自身に自覚を持たせる**ような方法で教えてあげるようにしましょう。

失敗をする前から、失敗させないように世話を焼いてしまうのは「過保護」です。効率を優先させずに、しっかり大人が見守ってあげる中で、子どもたちのやりたいこと、興味の対象に歯止めをかけず、自由にやらせてみることを心がけてください。

伸芽会が大切にする「体験」学習

子どもたちは生活の中のあらゆる場面で、さまざまな「体験」を通して学んでいます。小学校受験で試されることもけっして特別な能力ではなく、本来はそこで学べることがほとんどなのです。

伸芽会の教室ではその「体験」学習を基本に、集団の中でより効果的に学ぶためのカリキュラムを組みながら、子どもたちの「見る力」「聞く力」「考える力」「話す力」「行動する力」を育てています。

たとえば、「重さ比べ」の授業があります。実際にてんびんを使って、ハサミ、のり、セロハンテープ、ホチキスなど、いつも使っているものの中で何がいちばん重いのか、子どもたちと一緒になって実験するものです。

「のりより、ハサミのほうが重いね！」

「ホチキスは何番目に重いんだろう？」

そんな会話を通して、子どもたちはそれぞれに考えをめぐらせながら、「重いほうが下がる」「軽いほうが上がる」という法則も、**目で見て体験することで理解**していきます。

お友だちと一緒に協力しながら考えることも、とてもいい経験になります。

「見る力」、「考える力」が養われる授業です。

「さるかに合戦の劇をします」。そんな授業からも、子どもたちはさまざまなことを学んでいきます。まず、さるとかにに分かれて役を決める時、そこで進んで話し合いに参加できるかどうか。もしもやりたい役がお友だちと重なってしまった時は、ちゃんと譲ってあげることもできるかどうか。ここでは、自分の意見を発表するだけではなく、人の話を聞く力や、思いやりの気持ちも必要です。

役が決まったら、お面を作って、ピアノに合わせて発表します。いつもは恥ずかしがり屋の子どもも、こうしてお面をかぶって自分以外のものになりきることで、人前に出るハードルが少し下がって、次第に人前で自分らしさも出せるようになっていきます。体験から自信と思いやりの心を育て、「聞く力」や「行動する力」を養うことができます。

年長さんを対象に行っている夏休み恒例の体験合宿では、子どもたちのさらなる成長を見ることができます。

親元を離れ、自然に触れる2泊3日の集団生活の中では、お友だちと一緒に山登りやさくらんぼ狩り、野外で食べるワイルドランチなどを体験します。また、山で集めてきた木の枝や葉っぱで共同制作をしたり、グループごとに歌やおどりの劇発表をしたりします。

合宿中は、自分で行動する意欲を養うために、ハイキングでもリフトがすぐ横を上がっていくような斜面を、わざわざ時間をかけて、歩いて登っていきます。

「先生、あれに乗ったほうが早いよ！」

なんて言う子どももいますが、そんな時は、「今日はトンボやお花をゆっくり見ながら歩こうよ」などと言いながら、子どもたちと一緒に汗をかきかき登っていきます。子どもたちは自然の中で、効率を最優先に考えて行動しているいつもの生活ではしないような経験を、たくさんすることになります。

楽しい中にも学びの多い３日間。お父さんお母さんから離れて集団の約束ごとを守りながら生活することで、**子どもたちは「ひとりでもできるんだ！」という自信を持ち、そこから自立心も生まれてくる**のです。

日常の中で「体験」できること

家庭でも、子どもに体験させてあげられることは山のようにあります。休みの日にどこか郊外へ連れ出すような機会だけではなく、日常の中でも、たとえばお手伝いの中で、近所を一緒に散歩する中で、新しく体験できることは少なくありません。

まだ言葉を話せない1歳児でも、遊びの中での体験で感覚は磨かれていきます。**じつは、特にこの時期は既製品のおもちゃにたよらなくても、身のまわりのものすべてがおもちゃになります。**

ティッシュを引っぱり出したり、ビニール袋をつかんでカシャカシャと音をさせてみるなど身のまわりにあるものが子どもにとっては新しい体験となり、充分に楽しい遊び道具となります。

空き箱や、いらなくなった日用品など、とっておけば何でも子どもの遊び道具になります。たとえば箱にいろいろな大きさの穴を開けて、形や大きさの違うボタンをひとつずつ入れていく、などという遊びも、目で見て、手で触って、「なんだろう」と考えることができる学びにつながります。

また、箱に穴をあけ、そこへリボンやひもを通しておいて、引っぱり出したりするのもおもしろいと思います。ツルツルしたリボン、ガサガサした荷造りのひも、いろんな手触りを子どもは体験し、そこからやわらかいもの、かたいもの、音がするもの、転がるものなどという感覚をつかんでいきます。

2歳、3歳くらいになると、だんだんと「色」の区別が明確になってきます。いくつかの空き箱のふたに色のついた折り紙を貼《は》っておき、中に同じ色のボールなどを入れて、当てっこゲームをするのもおすすめです。

「この箱には、どんなものが入ってるだろうね？」と問いかけながら、赤い折り紙の箱には「赤いボールだ！」、黄色い折り紙の箱には「黄色いピーマンが入ってる！」と、感じたこと、想像したことを言葉にしていくでしょう。子どもたちはそうやって遊びながら、色について学んでいくことができるのです。

仲芽会では、こんなことを実践されていたお母さんもいました。お子さんは兄弟そろってみごと2人とも名門の小学校に合格されましたが、そのお母さんは感覚をとても大事にされていたようです。

実践していたのは、玄関に「匂《にお》い袋」を置くことです。まったく同じ色形の匂い袋なのですが、違う香りのものを、毎日交換して置いたそうです。子どもたちは毎朝家を出る時、感覚を研《と》ぎ澄《す》まして当てっこゲームをします。

「今日の香りは何だろう?」

「……わかった! バラの香りだ!」

当たればうれしいし、外《はず》れたらまた挑戦したくなる。これが毎朝の楽しい習慣となりました。

思い出が「香り」とともによみがえってきたという経験がある方もいると思いますが、香りというのは記憶に残ります。好きな花の匂い、嫌いな野菜の匂い、世の中にはいろいろな匂いがあるということを、２人のお子さんたちはこの経験を通して感覚的に知ることになったと思います。

どんなことも、実際に自分の感覚で知ったものは、その体験の量が多ければ多いほど、自分の引き出しの中身を豊富にします。たくさんある体験の記憶の中からそのいくつかを手繰《たぐ》り寄せることで、何か自分ならではの表現ができるといったこともあります。**体験は個性の源にもなるもの**なのです。

特に小さいお子さんには、何でも「口に入れたら危ないから」と、初めからものを触らせないようにするお父さんお母さんがいらっしゃいます。でも、大人がきちんと見守っている中であれば、口にもっていってもすぐに止めることができます。もっと自由にものを触らせて、新しいことを体験させるほうが、それ以上にお子さんのためになるのではないでしょうか。

夫婦がよく話し合う家庭で、子どもはよく育つ

子どもが心身ともに健《すこ》やかに育つための「いい家庭」には、どんな条件があるのでしょうか？

まず最初にクリアしておきたいのは、**お父さんとお母さんがよく話し合っていること**です。２人がしっかり同じ方向を向いて子育てをしていると、子どもは安定して心身ともに健やかに育っていくのです。

小学校受験で合格するお子さんも、ほぼ百パーセントと言っていいくらい、お父さんとお母さんが日頃からしっかり話し合っている家庭環境の中で育っています。

ご両親がきちんとした考えのもとで子育てをしているかどうかは、子どもを見ればわかるものです。

それと同時に、**年齢相応のことをさせているか、しっかり親子の対話ができているか、ということもとても大事なこと**です。

「対話」とは、けっして一方通行ではない、ということです。

しつけはもちろん大事ですが、親が一方的に子どもに言うことをきかせるだけでは、伸びるべきところも伸びていきません。

子どもが話すことにもちゃんと耳を傾け、信頼してあげることで、子どもは自分が受け入れられているということを感じて、自尊心や自立心を持つことができるようになっていくのです。

伸芽会では4歳、5歳の年中さんに対して、以下に挙げるような目標を設けています。

お子さんはいかがでしょうか？

【年中さんが家庭でできる10のこと】

□1　朝起きてから園に行くまでの身支度《みじたく》の順番がわかる。

□2　自分で服を着たり、脱いだりできる。また、裏返しになっていたらそれを自分で直し、脱いだあとも自分でたたむことができる。

□3　ものの定位置を覚えている。自分で使ったら、それを元のところに片づける習慣ができている。

□4　生活の中で、左右、上下、前後、表裏の概念が意識できる。

□5　ものの名前や用途が言える、用事の伝達がきちんとできる。

□6　ハンカチを持っていく時は自分で用意し、使いたい時は自分で出して使うことができる。

□7　知らない人にも礼儀をわきまえて、きちんとあいさつができる。

□8　自分の意思や喜怒哀楽を具体的な言葉で伝えることができる。また、相手を尊重してガマンすることもできる。
□9　空間や時間を意識できる。公共の場ではどこでどう行動すればいいかがわかる。
□10　自立した行動ができる。夕飯の献立など、簡単なことなら相談されてもちゃんと自分で判断できる。

「教育熱心」も過ぎれば毒になる

最近のお父さんお母さんで特に問題なのは、何かと子どもを「ちやほやする」行為です。

「ちやほやする」というのは、いつも子どもの笑顔を見ていたいがために、周りの大人が言いなりになってしまっている状態です。子どもは特にガマンをすることもなく、みんなが自分の思う通りに動いてくれる環境に置かれます。

子どもに干渉し過ぎたり、過保護にすることとは、放任主義と同じように「四無主義」を引き起こし、今せっかく子どもが自分の力で一歩一歩社会へ踏み出そうとしている時に、その歩みを止めることにつながります。

またそれとは逆に、厳し過ぎたり「失敗をとがめる」のも、幼児にとってあまりいいことではありません。周りの子どもと比べてできないことがあると、思わず子どもに「なんで、できないの」と言ってしまうお母さんもいます。「3歳でケンケンができるといいですね」と言われると、「できなきゃいけないんだ！」と思い過ぎるところがあるのです。

それは、「教育に熱心過ぎる」とも言えます。「熱心」であることは、けっして悪いことではありません。ただ、「過ぎる」のが問題なのです。どんな親にも、もともと子どもに対しては期待する気持ちがあるものですが、最近はそれが**過ぎ**

てバランスを欠いているような方が、どうも多い気がしてなりません。
ある育児本を読むと、もう「その通りにしなければいけない」という思いが強くなり、周りの言うこともなかなか耳に入りません。しかし子どもは、日々刻々と変化しています。その子ども自身の状態を見ずに、理論だけでの育児は成り立たないはずです。

まずは努力を見てあげる

親の期待が高過ぎると、それは子どもにとってプレッシャーとなります。受験に向けた課題に取り組む中でも、特にしてはいけないのが、**子どもに「できた」「できない」を意識させ過ぎる**ことです。

できたか、できないかというのは、「評価」です。幼児には何か「評価」を下すこと自体が、本来あまりいいことではありません。年長さんくらいになれば「今よりもよくなったらうれしい」という感覚も生まれてきますが、2歳や3歳の子どもには、何をもってして「できる」のかもわからないので、「できない」と言われても否定的なマイナスの印象しか生まれません。「嫌だけど、がんばってやる」という感覚は、基本的に幼児にはないと思ってください。

もし、「できる」「できない」を使うとすれば、それはできる見通しがある、ここぞという時です。「この間まではできなかったけど、がんばったらできたね！」など、子どもの努力を称える意味で使う時には意味が出てきます。ただそれも、年中さん以降のことです。

結果だけを評価するのではなく、そこにたどりついたわが子の努力を褒《ほ》めてあげてください。子どもたちの伸びる力は、お父さんお母さんの一言ひと言によって育まれていくのです。

第2章

「創造力教育」で子どもの潜在能力を引き出す

伸芽会の子どもが名門小学校に合格する理由

伸芽会は半世紀以上前に、ひとつの小さな幼児教室から始まりました。開校から数年の間に「なぜか伸芽会の子どもたちは名門小学校に合格する」という口コミが広まり、一方的に教え込むのではない独自の教育法が、多くの方から支持されるようになっていきました。

現在では卒業生も12万人を超え、首都圏に26教室と、関西に2教室を開校しています。

現在もう社会人として活躍されている卒業生のお嬢さんが、先日教室に遊びにこられた際に、伸芽会の教室での思い出で、こんなことが記憶に残っていると話してくれたことがありました。

彼女はある課題で、誤った答えに印をつけてしまいました。間違いに気づいて、「先生に怒られる！」と思った彼女。しかし先生は逆に、

「おや、形はしっかりかけたね」

と褒《ほ》めてくれたのだそうです。そんなことも、子どもはよく覚えているものです。

「間違えた」と意識できることも、子どもたちにとってはひとつの成長です。でもその後、「間違えてもいいから、やってみよう！」というふうになれるかどうかは、もっと大切なことです。子どもたちには、小さいうちにどんどん間違ってほしいと思います。

子どもたちはたくさんの可能性をもっています。彼らにどう接していけば、いちばんいい形で健やかに伸びていくのか。半世紀以上にわたって幼児教育の現場を経験してきた伸芽会では、**「創造力教育」「体験力教育」「自助力教育」**という3つの理念を掲げています。

・「創造力教育」……問題の答えが合っているかどうかということよりも、その過程を大事にします。そこでは、「わかった！」「できた！」という子どもたち自身の達成感や喜びが大切です。子どもたちに事実や結果を暗記させるのではなく、質問を投げかけ、ヒントを与えながら、自分で考えていく力を身につけていきます。

・「体験力教育」……体験することを通して、子どもたちの五感を刺激します。実際に見て、聞いて、触る体験は、ものごとを深く確実に理解していくためにはいちばん効果的な方法です。「これはいったい、どうなっているんだろう?」という子どもたちの好奇心や探究心を育てて、これから生涯にわたって必要な学ぶ力の基礎を築いていきます。

・「自助力教育」……子どもたちが自立する力を養う教育です。たとえば周囲の人から聞くさまざまな意見や考えも、子どもたちを成長させるきっかけとなります。そこから「私はこう思う」「それは嫌い」など、自分の意見を持つようになっていくことで、周りの子どもたちや大人とうまく関わる社会性を身につけていくことができるのです。

「教えない」教育

ひとりっ子が多くなり、少子化も進んでいる中、私立・国立の小学校受験を目指す家庭が増えています。子どもの数が減った分、一人ひとりに対してより手がかけられるようになったということだと思いますが、いわゆる「お受験」の熱が、一部で誤った方向へ進んでしまっていることも確かです。

多くのお父さんお母さん方は、このようにおっしゃいます。

「この志望校に合格させたいのですが、うちの子には何が足りないですか？」

「どの問題集をやれば合格しますか？」

「毎日どんなことをやらせればいいですか？」

その考え方は少し短絡的で、「これをすれば、こうなる」というHOW TOを求める傾向があるようです。

中学、高校、大学受験などでは、効率的に志望校の出題傾向などを調べながら、ひたすら合格に向かって試験対策勉強をすることが一般的です。しかし、幼児教育はそれとはまったく違います。

ひとことで言うと、「教えない教育」です。先生が一方的にものごとを「教える」授業では、幼児の場合は何も残りません。

確かに子どもたちは、スポンジのように吸収力に優《すぐ》れているので、記憶させれば多くのことを覚えられるかもしれません。しかしそれ以上に、この時期身につけておきたい大切なことはたくさんあります。

これから一生、あらゆる場面で、学ぶべきことはまた次々と新しく出てくるでしょう。その時に必要なのは、学ぶための力です。新しいことに対する興味と、意欲です。

幼児期に培《つちか》った力は、一時の知識とは比べものにならないほどの恩恵を子どもの人生にもたらします。だから教室では、「答えはこうだよ」という教え方はしません。子どもたちが自分で興味をもって「どうなっているんだろう?」と思うところから教育は始まります。

「鏡に映したらどうなる？」すぐに答えを教えずに、まず自分で予想を立てじっくり考えてみます。実際に映してみたら新しい発見もあり、子どもの発想力はいっそう高まります。

大人が子どもに一方的に教えると、その後でこういう言葉が出てきてしまいます。

「できた？」

「この間《あいだ》教えたでしょう？」

「何度言ったらわかるの！」

「また間違えた！」

「なんで忘れるの？」

親は子どものためにいろいろやってあげているつもりなのですが、子どもたちにこんな言葉をかけてしまうと、逆にどんどん逃げてしまいます。

大人が一方的に教え込もうとするのは、子どもにとってマイナスです。**子どもは自分で自由にやりたい**のです。自分がやったことに対して「評価」されるようなことは嫌がりますし、嫌なことはやりません。私たちは子どもの成長の芽は「意欲」「好奇心」「興味関心」にあると考えていますが、それらがすべてつぶされてしまうのです。

1歳児でハサミが使えるようになるしかけ

教室に通っている多くの1歳児は、ハサミを使えます。そう言うと、「1歳児にハサミを持たせるなんて、危ないのでは？」と思われる方もいるかもしれません。でもそれは、大人の思い込みです。

1ヵ月、2ヵ月かけて**ていねいに使い方を教えることで、1歳児でもちゃんとハサミが使えるようになります**。もちろん個人差があるので、1歳になったら誰でもすぐにできるというわけではありませんが、伸芽会の教室に通う多くの子どもたちは1歳の後半には使えるようになっています。

ハサミは、手指をグーパーする動きで使うことができます。その動き自体は、1歳児でもできます。ただ、ハサミに応用できないだけなのです。

もうひとつの問題は「危険」だということですが、これも持たせる前にしっかり教えてあげることで、ちゃんと回避することができます。

確かに、1歳児に向かって「これはハサミと言ってね、いろいろ便利だけど危ないよね」と言っても、わからないと思います。そこで伸芽会では、先生と一緒にハサミに触れてみることから始めるのです。

「ここで紙が切れるんだね」と、刃にもちょっと触れてみます。「危ないから、こういうふうに使わなきゃね」とお手本を見せて、一緒に柄を持たせてあげながら、「大丈夫なんだよ」「使えるんだよ」ということを、実際の体験から教えていくのです。

ハサミを持って動かすことができるようになっても、紙を切るコツをつかむためには少し練習が必要になります。ただし練習と言っても、あくまでも楽しく、子どもたちの興味を起こすやり方でなければ身につきません。

たとえばただ紙に線をひいて、「ここを切るんだよ」と教えても、子どもにとってはまったく興味がわきません。教室では、切り込み線の入った大きな紙を台

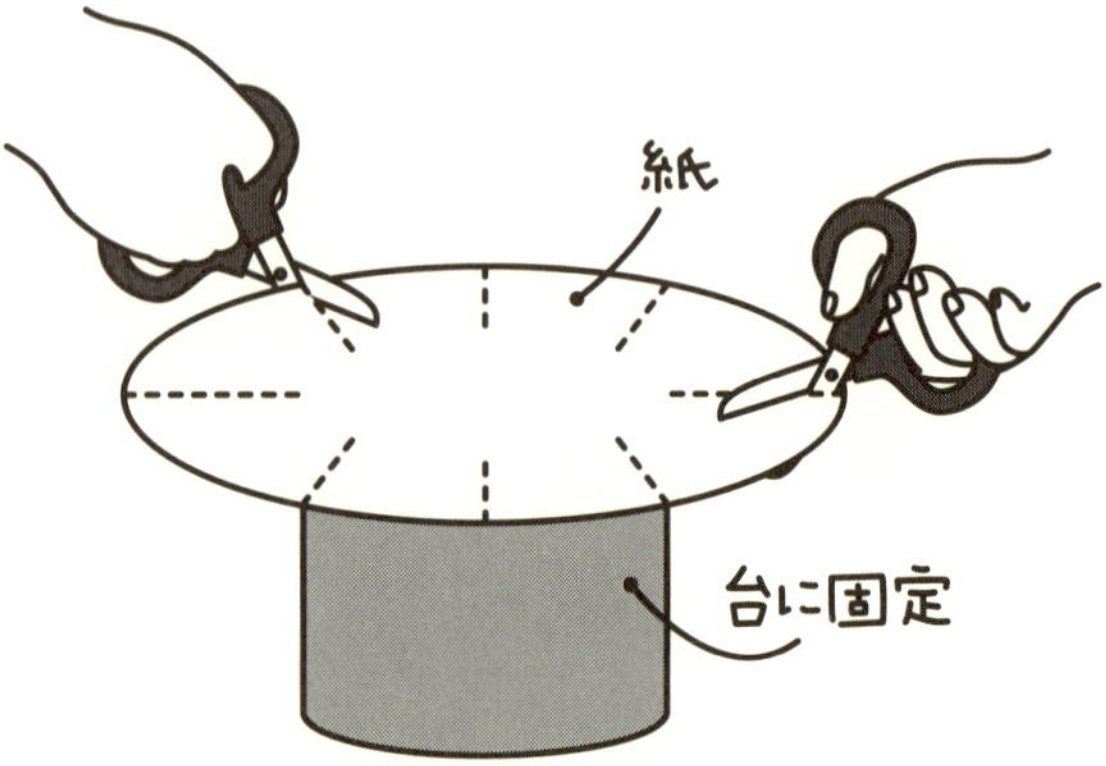

の上に固定して、みんなで切っていき、お花のようにしていったりします。「きれいなお花でしょう？　この周りをこういうふうにジョキジョキ切っていったら、もっときれいになるね！」と、みんなで一緒に切っていくのです。

お友だちや先生と一緒に共同作業をする中で、子どもたちはお互いに見よう見まねでハサミが使えるようになっていきます。完成した時にはうれしい達成感を味わって、またチャレンジする意欲もわいてきます。子どもたちのあらゆる能力は、こういったしかけを作ってあげることで、うまく引き出すことができるのです。

「英才教育」の落とし穴

一方で、吸収能力の高い幼児期に、「英才教育」をしたいと考えるお父さんお母さんも多くいらっしゃいます。早くから字が書けたり、漢字をたくさん知っていたり、計算ができたりすることは、確かに訓練すれば、子どもたちは持ち前の記憶力でできるようになっていくでしょう。しかし伸芽会では、そういった「先取り」の教育をあまり奨励していません。

字が書けて、計算ができても、問題はそれを**意味がわかってやっているのかどうか**ということです。機械的に暗記することができても、その文字や数が実際に何を意味しているのかがわかっていなければ、それはその子にとって本当の力にはなっていません。

小学校に上がる時に、すでにいろいろな難しい漢字を覚えてしまった子どもなどの場合、こんなことが起こってくる可能性もあります。

たぶんその子には、「ぼくはこんなに難しい漢字も知っている」という自負があるでしょう。それをそのまま伸ばしてくれる環境があればいいのですが、実際はなかなか難しいところがあります。学校では、もう知っている漢字をまた教えられることになるからです。「ぼくはもう知ってるよ」「そんなことできるよ」と言っている子を、先生やまわりのお友達はどう感じるでしょうか。

何よりその子自身が勉強を軽視して、つまらなくなってしまう恐れがあります。「ぼくは漢字も計算もできる！」という子が、その後勉強しなくなって落ちこぼれてしまうことは少なくないのです。

それよりも、**幼児期は学ぶことのおもしろさ、発見することの喜びの体験を積み重ねていくことのほうが大切**です。**学ぶための基礎を固めれば、知識は自然と得られる**ようになります。

あまり時間をかけずに「教える」ことは、合理的で効率のいい方法ですが、幼児にはまだ早い学習法です。大事なものをしっかりと自分のものにするためには、やっぱり時間をかけることが必要なのです。

幼児期は同じ記憶でも、「知識」ではなく「思い出」として残すことが大切です。思い出すから「思い出」と言うわけですが、思い出というのは忘れられないものです。まさに良質な記憶となって、その子の人間力の基となる引き出しの中身となってくれるはずです。

いろいろな人との出会いや体験を思い出としてたくさん持っていることのほうが、きっといろいろな可能性を伸ばすことにつながっていくでしょう。

「集団」の中で生まれる学びの機会

ここ半世紀、名門と言われる小学校の合格者は、伸芽会出身者がかなりの割合を占めていますが、そもそも「これは小学校受験に出るから、できるようにしよう」ということで教室をやってきたのではありません。むしろ「子どもたちの成長にとって、いい遊びの場を提供する」という目的を持ってやってきたことが、結果的に小学校受験の合格につながったと言ってもいいくらいです。

受験以前の問題として、**幼児期に育てるべき人間力の土台となるものが、遊びの中にはたくさんつまっている**のです。しかし、かつては子どもたちが集《つど》って遊んだ「路地裏」がなくなり、子どもの数自体が減って、同世代の子どもたちと遊ぶ機会がなくなるにつれて、今まで自然と育まれていたものも、そうはいかなくなってしまっています。そのために、どこか「バランスの崩れた子ども」が増えているのかもしれません。

名門小学校も、昔はペーパーテストだけを重視して、「IQがいくつ以上の子どもをとります」と言っていたような学校が、ある年からペーパーの課題が一切なくなり、社会性や人間力を見るような課題になったりしています。時代とともに、小学校受験も変化しているのです。

「4年生の壁」と言われる問題もあります。小学校入学時にペーパーテストがよくできた子が、4年生あたりの高学年になってきた時に、今まで機械的に暗記してきた分、算数などの「概念」がわからず、乗り越えられない壁を経験することがあるのです。そういったことから、幼児期にペーパーテストだけができても意味がないことが、各小学校でも認識されるようになってきました。

これは、けっしてペーパーテストを否定しているわけではありません。ペーパーテストは正解を出すことが目的なのではなく、それをどういうふうに考えるかというプロセスが大事だということです。

伸芽会でも学びのプロセスに重点をおいて、さまざまな視点からカリキュラムを作成しています。同時に、**「みんなで取り組む」という集団教育の効果**を最大限に活用しています。お友だちや先生とのやり取りや、遊びの中での役割分担などによって生まれる学びの機会は、人間形成の根幹をなす幼児期に大きな意味を持ちます。

家庭でお母さんと1対1で過ごすだけでは、どうしても学べないことがあります。特に核家族化や少子化が進む中、集団にもまれないまま体だけ大きくなってしまうことが、今の子どもたちに特徴的な「がまんできない」「自己中心的」な性格を作りだし、「不登校」や「引きこもり」などにもつながる深刻な問題となっている面もあります。

また、「集団」とひと口に言っても、児童館や英会話教室などもありますが、目的や性質はそれぞれ異なります。伸芽会をはじめとした〝個の学びを重んじる教室〟のほか、住んでいる地域の環境やお子さんの興味などに合わせて、最適な学びの場を工夫してください。

アナウンサーになって実況中継しよう！ ～伸芽会の教室から～

伸芽会の教室で行っている活動について、ここで少し具体的にご紹介しましょう。

たとえば「言語表現」の授業として、「アナウンサーになってみよう！」というものがあります。

今まで家庭の中で多くの時間を過ごしてきた子どもたちは、外の人に何かを伝えるということが、初めはあまり得意ではありません。特にみんなの前で発表するような場では、どうしても恥じらいが出てきます。何かをきちんと正確に相手に伝えるためには、そのための語彙《ごい》力《りょく》も必要になってくるので、ますますハードルは上がります。

大きな声で元気よくはっきりと話すことは、社会に出て人と関係を築いていくための基本です。「言語表現」の授業では、まず先生が読み上げる詩の一節を子どもたちに続けて復唱してもらい、大きな声を出すことのハードルを下げることから始めます。声を出すことに慣れてきたら、今度は子どもたちに「アナウンサー」になってもらいます。子どもは基本的に〝ごっこ遊び〟が大好きで、マネから学んでいくことがとても多いのですが、「アナウンサー」になりきることで、発表することのハードルがまた下がります。

普段は人前が苦手な子も、アナウンサー役になりきってもらって前に出ると、アナウンサーという仮面がある分、声が出るようになります。自我が出てきた子どもたちは誰かに「教えてあげる」ということも大好きなので、アナウンサーはうってつけです。

教室ではアナウンサーとして天気予報を伝えてもらったり、建物などを置いた立体的な地図を用意して「パン屋さんで火事が起きました。消防車に出動してもらいましょう！」などとレポートしてもらったりします。「お菓子屋さんの角を左に曲がって……」と、実際に消防自動車を動かす役の人もつけたりして、それぞれの人になったつもりでセリフを考えてもらうと、**人に対して正確に表現することの大切さ**も改めて意識できます。

いつもは何気なく聞いていることも、自分が言葉にして表現することで「ああ、こういう意味なんだ」とわかることがあります。そこで語彙力も増えるとともに、「きちんと伝えられた」ということがまた自信となり、少しずつ自分のことも話せるようになっていくのです。

このお家にはどんな動物が住んでいる？ ～伸芽会の教室から～

直感でものごとを進める傾向がある幼児は、特性として論理的に考えて何かをとらえるということが苦手です。それでもやっぱりまず、考えることから始めなければ、次のステップを踏むことはできません。

周りの大人が「あれ？ どうしてだろう？」とひと声かけるだけで、子どもたちにとっては考えるきっかけとなります。お子さんがその因果関係を考えて結果を予想することができるように、日頃から家庭でもつながりをもって考える習慣をつけてあげましょう。

伸芽会では、こんな「推理と観察」の授業があります。

教室の前に、5つの家の絵を貼ります。絵は左から大きい順に並べられています。そこで先生が質問してみます。

「このお家には、それぞれ動物が住んでいます。どんな動物が住んでいると思いますか？」

子どもたちは最初はほとんど直感で、思い思いの動物を挙げます。

「ゾウ！」「ネズミ！」「ネコ！」

そこで先生が、考えるヒントとなる言葉がけをします。

「こんなに小さいお家だけど、ゾウにはどうかしら？　こっちのお家はネズミに大き過ぎるんじゃない？」

ただ好きな動物を挙げていた子どもたちは、そこで少し考え始めます。どの家がいちばん大きいか、どれが中くらいか、屋根や壁はどんな柄《がら》か……。子どもたちはまじまじと5つの家を観察して、推理しだします。

「このお家はいちばん小さいから、たぶんネズミのお家だよ」

「こっちは黄色と黒のしましまの柄だから、トラのお家じゃないかな？」

「じゃあこれは、白と黒のしましまだから、シマウマだ！」

みんなで考えることで推理が推理を呼び、考えは深まっていきます。

いろいろな意見が出て盛り上がってきたところで、「誰が住んでいるでしょう？　では、ノックしてみます」。家の絵はドアが開けられるようになっていて、そこには動物の絵が描かれています。答えが当たっていたことがわかると、子どもたちは自分の推理が正しかったことを実感するのです。

推理が当たったという成功体験は、次の質問への集中力につながります。今度も当てようと、子どもたちはより深く観察して、推理する力を磨いていくのです。そんな体験を何度もくり返していくうちに、力は確実なものとなっていきます。

ひもと割り箸《ばし》から何ができる？　～伸芽会の教室から～

想像の世界は、子どもたちの得意分野です。その発想力には大人も驚かされますが、中には発想が画一的になってしまっている子もいます。絵を描いてもらっても、いつも同じ三角屋根の家と、髪の長い、キラキラした目の女の子を同じ角度で描くのです。

いつも同じ絵ばかり描くのは、「この絵だったら上手に描ける」という安心感からきているところがあります。そんな子には、たとえば「ここには他にどんなものがあったら素敵？　おうちって三角の屋根だけかな？」「もしキリンさんが遊びにきたら……？」と、決まり切ったイメージから一歩踏み出せるような言葉がけをしてあげることが必要です。

一方で、「動物園に行ったらどんな動物が見たい？」などとイメージさせると、見たこともないオレンジ色のゾウを描く個性的な発想を持った子どももいます。そんな時はもちろん、「灰色じゃないとゾウには見えないよ」などということを言う必要はありません。

もしかしたらその子は、オレンジ色のゾウがいたら素敵だなと思っているのかもしれませんし、夕陽に照らされてそう見えたのかもしれません。今までに見た本の中からイメージをふくらませたということもあるでしょう。ぜひそんな個性を大事にしてあげてほしいと思います。

伸芽会の授業では、絵の他に、工作もイメージのきっかけとなるテーマを出して制作することがあります。

ある時、「割り箸とひもを使って何かを作ってみましょう！」という課題をだしたことがありました。釣りざおと釣り糸に見立てられるくらいかなと予想していたのですが、ある子の作品を見て驚かされました。

その子はひもを長く使って、教室の床で何か一生懸命に作っています。「それは何かな?」と聞くと、なんと「土俵」だと言うのです。ひもで作ったとても大きな丸の中に、2つに割った割り箸を仕切り線にしています。予想もつかない回答に、勉強させられる思いでした。子どもの数ほど生まれる発想を、つぶすことなくより広げられるよう、大人も柔軟に対応していかなければいけないと改めて思う瞬間です。

ウサギさんになって跳んで行ってみよう! ~伸芽会の教室から~

伸芽会では1歳から年長さんまで、運動面を育《はぐく》む授業はそれぞれの発達段階に合わせてカリキュラムに取り入れています。

たとえば幼稚園前のまだ小さい子どもたちには、「みんなでウサギさんになって、あそこまでピョンピョン跳んで行ってみよう! その後はお山を登って、あの平均台の橋を渡って帰ってきましょうね」と、遊びの中で運動できるように工夫します。

年長さんくらいになれば、目標を持って取り組むこともできるようになります。「この間はできなかったけど、今度はこれができるようになったね！」と達成感を持たせるような言葉がけをすることで、自分で家でもやってみようとするきっかけになったり、自信が持てるようになったりします。

「跳び箱」も、小さい頃には挑戦できるということ自体が大事になってきます。幼児の場合は跳び越えるのではなく、よじ登って飛び下りるものになりますが、年長さんくらいになれば、自分の体をコントロールして、どれくらいの高さまでなら手をつかずに着地できるかということがわかってきます。個人差はありますが、ある程度は年相応の運動ができるように、小さい頃からの体験の積み重ねが大切です。

「ボールつき」なども受験ではよく出る課題です。子どもたちは動いているものに合わせてタイミングをとるというのが最初はなかなか難しく、つき続けることができません。手のスナップのコントロールがうまくきかずに、ボールがどこかへ行ってしまったりします。

教室ではその感覚をつかませるために、最初はそのまま手から落として跳ね上がってきたボールをつかむ練習をします。次に、弾ませたボールをつかんでみると、その弾み方の違いが体験でき、だんだんと弾ませてつくタイミングもとれるようになっていきます。

そこからさらに、今度は「ここの四角の中でついてみましょう」と難易度を上げていくのです。「頭を動かさないようにやるといいよ」など、細かいポイントもアドバイスします。

ただ、どうしても運動は気持ちだけでがんばってもうまくいかないことがあります。そんな時は、「今は3回つけるようになったから、今度は5回つけるよう

にしようか！」と、できることから少しずつ目標を立てていきます。それぞれの小さな目標にしっかり集中して、一つひとつクリアしていくことで、大きな目標も見えてくるのです。

第3章

子どもを伸ばす「魔法の言葉」

子どもの資質を引き出すコツは？

人が何かを学ぶために、いちばん大事なのは**「自信」**と**「意欲」**です。まず、子どもたちは、教えられるのではなく、「あ、できた！」という発見から体得することがたくさんあります。そこで周りの大人がその子どもの努力を認め、褒《ほ》めてあげることが、その「自信」と「意欲」を育てていくのです。

自信がない子どもは、多くの場合、認められたり褒められたりした体験が足りないようです。中には、できるのにそれに気がついていない子どももいます。絵を描くことにしても、本当はすごく独創的な絵が描けるのに、自分は絵が苦手だと思い込んでしまっているのです。それも、大人の言葉がけひとつで変わってくるものです。

子どもが最初に描く絵は、大人には何なのかわかりません。大人にはただの丸を描いているだけに見える絵でも、子どもにとってはその丸は人の顔であったり、車であったりするものです。大人からはわからなくてもその1本の線が描けるようになることが、しっかりとした絵が描けることにつながっていきます。子どもたちが一生懸命に表現しようとしているものですから、大人もちゃんと見て、小さなことにも気づいてあげてください。

そこでは、子ども自身の考えをうまく引き出してあげることも大切です。子どもの感性は対話の中からも育まれていきます。家庭でもどちらかからの一方通行ではなく、子どもの発想やボキャブラリーが増えるような会話のキャッチボールを心がけてほしいと思います。

また、**集団を知ることも子どもが成長するひとつのきっかけ**となります。伸芽会の教室でも、子どもたちは家庭で経験している1対1の関係だけではなく、初めて1対10などという経験をします。そこで人の話を聞くということを学び、交代にお話をする中で、**自分では思いつかなかった10の意見も知ることができる**のです。

家庭の中だけの世界ではなく、集団の中で人の意見を聞く機会を作ることは、視野を広げることにつながり、将来的に子どもの資質を引き出すことにもつながっていきます。日常の中でも、積極的に公園や児童館など人と交わる場所に行く機会を増やしてあげてください。

代々受け継がれる親の教育観

小学校受験の面接では、親に対してこんなことがよく質問されています。

「ご自身がご両親から受け継いだもので、何をお子さんに伝えたいですか？」

ぱっと聞かれて、すぐに答えられますか？　用意がなければ、ちょっと躊躇《ちゅうちょ》してしまう方も多いと思います。

でも、よくよく考えてみると、自分がごく当たり前のように思っていたことが、その答えとして見えてくるかもしれません。見えてきたことは、ぜひ大事にしてください。


親から受け継ぐ価値観は、子どもの人生にとってとても大きな柱となります。

しかも、どの家庭も同じというものではないので、親自身がいつも「本当に大切なことは何なのか」を自分自身に問いかけることが必要になってきます。

たとえば「人との関係を大切にする」ということで、「人にやさしくすること」「人に迷惑をかけないようにすること」などとよく言ったりしますが、ただ単に人に迷惑をかけなければいいかと言うと、それも違うのではないでしょうか。

上辺《うわべ》だけで深い部分での考えがしっかりしていなければ、若い学生さんなどが「人に迷惑をかけなければ何をしてもいいんだ！」なんてことを言ったりするのとあまり変わらない状態と言えます。

ただ、そんなに難しく考えることではありません。それぞれの家庭で話し合い、きちんと整理して考えていけば、おのずと家庭の中で大事にしないといけないことが見えてくるはずです。

世のお父さんお母さん方はみなさん、子どもの幸せをいちばんに願っています。しかし、そのためには目先のことだけではなく、10年、20年先のことを見据えていなければなりません。小学校受験にしても同様です。**子どもが成人した時のことを考えて、では今は何を身につけたらいいのかを考える**ことが大切です。

その上で、これから子どもをどんな環境に置くことが望ましいのか、小学校受験が本当に必要なのか、そうでなければ今何がこの子にとって将来の幸せに通じるんだろうということを、ぜひこの機会に考えてみてください。

子どもをぐんぐん伸ばす〝魔法の言葉〟

教育熱心なお父さんお母さんの中には、子どもに課題をクリアさせようと、こんな言葉をかけてしまっている方がいます。

「こうしなくちゃダメでしょう！」

「もっと一生懸命やってよ！」

「とにかく話してみなさい！」

「なんでできないの？」

「下手ね！」

気持ちが焦れば焦るほど出がちな言葉ですが、本当に子どもの芽を伸ばそうと思うなら、やはり言うべきではありません。

こちらの言うことをなかなか聞いてくれないと、ついつい親は子どもに「なんでなの？」「どうしてなの！」と言いがちです。

そんなときには、これからお教えする**〝魔法の言葉〟**をかけてあげましょう。

これは、教室で長年子どもたちを指導してきた先生たちがあみ出した、やる気倍増の特効薬です。

魔法の言葉 その1

「発想力」を引き出す言葉

「今、考えているところだね」

さきほど出てきた「こうしなくちゃダメでしょう!」は、決めつけの言葉です。名門小学校でも「発想力の豊かな子ども」が求められますが、受験を考えていないお子さんにとっても、発想力は伸ばしたい力のひとつです。

たとえば、絵を描く時などは、子どもの発想力を伸ばすチャンスでしょう。そんなせっかくの機会に、周りの大人が決めつけるようなことを言ったり、指示を出すような発言をすると、子どもの発想はそこで止まってしまいます。

たとえば色の塗り方でも、「こういうふうに塗ったほうがいいよ」と教えてしまうのではなく、隣で一緒にもう一枚の紙に描いて、塗ってみせるだけで十分なのです。「ゾウさんはもっと耳が大きいでしょう」など、そのものが「らしく」見えないことをとがめてしまうのも、あまりいいことではありません。

子どもには、**教えるよりも、考えるきっかけとなる言葉がけが必要**です。発想力を引き出すためにかける魔法の言葉は、これです。

「今、考えているところだね」

「いい考えが浮かんだ顔をしているね！」

さらに踏み込んで、こんなふうに言ってもいいかもしれません。

「あれ？　それでいいのかな？」

子どもたちは、もう一度深く考えます。そこでまた新しい発想が生まれれば、しめたものです。

絵を描く課題で、「長かったらいいなと思うものを絵に描いてみましょう」などと言われると、すぐには描き出せずに手が止まってしまう子もいます。そんな時は「長かったらいいなって思う『動物』は何だろうなぁ」「動物以外だったら……」と、隣でぶつぶつひとりごとを言ってみると、子どもの発想力に火がつくこともよくあります。

「キリンの首をもっと長くして、ぐるぐる回っておりるすべり台にしたい！」

「牛も長くなったら、みんなで乳搾《しぼ》りができるよ！」

「長～いバナナがあったら、みんなで食べたいな！」

本来、既成概念にとらわれていない子どもたちには、大人顔負けの自由な発想があります。周りの大人は、それをただちょっと刺激してあげるだけでいいのです。

生活の中でも、「あの雲、クジラみたいだね。乗ってみたいな！　どこへ行くんだろう？」など、ものの見方や感じ方を広げる言葉がけは、お父さんお母さんからもどんどんしてあげられるといいと思います。

NGワード▶「こうしなくちゃダメでしょう！」

魔法の言葉
その2

「集中力」をつける言葉

「まさか、これはできないよね？」

「もっと一生懸命やってよ！」という言葉がけも、子どもにはマイナス効果しか与えません。子どもには、やっぱり親に認められたいという気持ちがあります。できなかったとしても、一生懸命にやっていないわけではないのです。そこで「おしかったね」と励ましの言葉をかけてあげることが、次につながると考えてください。

よく「うちの子は集中力がないんです」と言う方がいますが、本当でしょうか？　たとえばその子が好きな絵本やおもちゃ、興味のあるものに対してなら、時間を忘れて熱中していることがあると思います。

それはただ、**こちらが集中してほしいと思うタイミングに慣れていないだけ**なのです。

大人は「集中力」＝「持久力」と思いがちですが、幼児の場合、受験でもそこまで長く集中し続ける必要はありません。

集中するタイミングがわかって、短い時間でさっとできるスピードがあれば、子どもでも集中できるようになるものです。タイミングがわからないだけなのです。

ただ、中には確かに、集中が続かない子どももいます。たとえば本当はボールを10回以上つくことができるのに、10回ついたらそこでやめてしまったりするのも、ひとつの例でしょう。でもそれは、自分の限界以上のチャレンジをした経験がなかったり、チャレンジしてもあまり褒められたことがないことが原因になっている場合があります。

幼児教育は、褒めることが基本です。その時は結果の良し悪しを褒めるのではなく、**がんばれたこと自体を褒めてあげてください**。

仲芽会の教室では、たとえばペーパーの課題を「30秒でやってみよう」と言って、45秒かかったとしても、「間に合ったね！　よくできたね！」と褒めることとがあります。褒めることで自信がつき、次には本当に30秒でできるようになるものだからです。

さらに一歩、集中して課題に取り組むための「魔法の言葉」は、これです。

「次のはもっと難しいからなぁ。……**まさか、これはできないよね？**」

子どもはそれを聞いて、「できるよ！」と自らチャレンジする気持ちになってくれます。

このように、楽しみながら、自発的にがんばろうとするチャレンジを積み重ねていけば、集中力も自然と備わっていくはずです。

NGワード▶「もっと一生懸命やってよ！」

魔法の言葉
その3

「みんなに教えてあげて!」

「発表力」を後押しする言葉

大人もそうですが、特に子どもは、強制されたり、無理強いされるのが嫌いです。人前で話す力を伸ばそうという時にも、「とにかく話してみなさい!」のような一方的な言葉は、かえって子どもを委縮させてしまいます。

伸芽会の教室では、自分が思っていることや自分ができることなどを発表する機会をいろいろな場面で作っていますが、そういう時にも積極的に自分から手を挙げてやりたがる子と、そうでない子がいます。

やりたがらない子は、「できないかもしれない」という不安があるのでしょう。成功体験がないことは、大人でもなかなか自信が持てないものです。でもそれは、「話せた!」「できた!」という成功体験を何度も積み重ねていくことによって、少しずつクリアしていくことができます。最初から、自信を持って自分ら

伸芽会での指導の1コマ。発表が得意でない子どもも、思い出などの体験を話すことでどんどん上手に話せるようになります。

しさを発揮できる子どもばかりではないのです。

まだ人前で話すのが苦手な子に発表してもらう時、伸芽会ではこんな魔法の言葉をかけます。

「みんなに教えてあげて！」

たとえば、夏の思い出を絵にして、みんなの前でその絵について発表してもらうといった時には、「どんな絵を描いたの？」とは聞きません。「カブトムシを捕ったの？　すごいね！　みんな知りたがっているから、捕り方を教えてあげて！」という言い方にすると、発表が苦手な子どもからも、自然と「みんなに教えてあげよう」という気持ちが生まれて話しはじめるのです。

自分が得意な分野のこと、自分だけが経験したようなことなら、誰でも人に話したくなるものです。そうやって「話せた！」経験を積み重ねていけば、人前で話すことにもだんだんと慣れていきます。

子どもが**自信を持って自分の話をするためには、「人に伝えたくなるような体験」が必要**です。いろいろなイベントへの参加や、新しい体験が積極的にできるように、家庭でも心がけてみてください。その際はお子さんがその体験から何を感じたのか、お父さんお母さんがお子さんの話を聞いて、受け止めてあげることも、次のステップにつながっていきます。

NG ワード ▶▶「とにかく話してみなさい！」

魔法の言葉
その4

「手先の力」を伸ばす言葉

「自分の手を応援してあげて！」

「なんでできないの？」と、子どもに対してできない理由を聞くというのもNGです。

お父さんお母さんもよくよく考えて、思い返してみてください。指示をした大人のほうの説明が足りていなかったり、お手本が下手だったりということはありませんか？

手先の器用さが必要になってくるような課題に取り組む時、そういった作業が苦手な子どもには何かしらの原因があります。

たとえば周りのお友だちが気になって作業に集中できていなかったり、先生のほうばかり見て、「できない！」と言っていたり。じつは、きちんと自分の手元を見ていないことに原因があったりもします。

手先を使う作業では、自分の手元をしっかり見ることが基本です。また、先生がやるお手本をしっかり見て、自分の手に置き換えることも必要になってきます。それぞれを「見る」ことが、手先の器用さを高めるポイントとなるのです。

そこで教室では、手元を見ていない子どもにこんな魔法の言葉をかけます。

「自分の手を応援してあげて！」

上手にできるように自分の手を応援してあげて、そう言うと、子どもの目は自然と自分の手元にいきます。

さらに細かい作業を求められるようなものでは、「今、あなたの指はどんなお仕事をしているの？」と、指を見るように声をかけてあげるのもとても効果的です。

家庭でも、手先を使うことを大事にしてみてください。**お手本は、ゆっくりていねいに見せてあげるのが肝心**です。

箸《はし》を使う時などにも、「このオムレツをお口に入る大きさに切ってみようか」と、具体的な目的を伝えながらお手本を見せて一緒に挑戦します。

お手本と同時に言葉で言ってあげることで、言葉の意味することもよりわかりやすくなります。「丸を描くように」「指でなぞるように」など、できるだけ具体的に、ゆっくりと焦らず説明してあげましょう。

NGワード ▶▶「なんでできないの？」

魔法の言葉
その5

「運動」がのびのびできるようになる言葉

「ゆっくりでいいから、落ち着いて」

最近は運動が苦手なお子さんの相談もよく受けます。これは前章でもお話ししたような、日頃の運動不足が原因となっていますが、平均台など、本当はできる体力があるのに、「落ちたらどうしよう」という不安な気持ちが先に立ち、できなくなってしまっている子どももいます。

恐怖からひざを曲げてしまって、かえって不安定になってしまう子。怖いから早く終わらせようとして、早足になって失敗してしまう子。**いちばんの敵は、自分の心の中にある恐怖**なのです。

そんな時、「下手ね！」などという言葉をかけてしまうと、子どもは「自分は下手なんだ」という言葉の暗示にかかって、ますますできなくなってしまいます。自分で口に出して「できない」と言ってしまうのも、暗示につながります。

家庭ではまず、そういったネガティブな思い込みを取り除くことから始めてください。

５歳、６歳の頃は、特に耳の中にある三半規管が発達する時期です。貴重な時期に年相応のバランス感覚が磨けるように、教室でも平均台やマット、片足立ちなどの運動は積極的に取り入れています。

平均台の苦手な子には、補助の仕方にも気をつけます。

背後から手を伸ばして「怖かったらいつでもつかまっていいからね」と、子どもの体を包み込むようにしてあげると、子どもは安心して課題に取り組めるようになります。

そして、運動がのびのびとできるようになる魔法の言葉は、これです。

「ゆっくりでいいから、落ち着いて」

そう言って最初はしっかり補助をしてあげて、少しずつ自分ひとりでできるように慣れていけばいいのです。

小学校受験でも、「かけっこ」や「遠投」、「サッカーのミニゲーム」といった運動の課題が出ることがあります。でもそこでは、並はずれた運動神経が求められているのではありません。

　普段の健康的な生活によって、年相応の運動能力が発達しているか、そして指示されたとおりにやることができるか、またあきらめずに最後まで取り組むことができるかという部分が見られているのです。

　まずは心の不安を取り除くことから。自信を持ってできるようになれば、どれもけっして難しい課題ではありません。

NG ワード ▶▶「下手ね！」

第４章
家庭で伸ばせる「５つの力」

成長過程の目安となる「5つの力」

ここまで子どもたちが小学校前の幼少期に身につけるべき力について、伸芽会の教室で実践していることも踏まえてお話ししてきました。どれもお子さんの将来のために大切にしていただきたいことばかりですが、伸芽会ではその伸ばすべき力をわかりやすくまとめた「5つの力」を大切にしています。

5つの力とは、**「見る力」「聞く力」「考える力」「話す力」「行動する力」**。この章ではこの5つの力それぞれの内容について、詳しくお話ししていきたいと思います。お子さんの成長過程の目安に、また小学校受験という具体的な目標を持った方にも指針としやすいので、ぜひ参考にしてみてください。

第1章でも5つの力について、お子さんのチェック項目を掲載していますが、これらが具体的に形になって現れてくるのは、3歳を越えたあたりからになります。伸芽会の教室でも、5つの力を見据えた課題ができるようになるのは3歳くらいからです。

課題というのは、数を数える課題だったり、大きさを比べる課題だったりしますが、そこでは具体的に何かを提示された時、相手が期待するように答えられるということが求められます。

しかしそのように、子どもたちの力が形として出てくる前の過程として、それぞれの力のベースとなるものが日々の生活の中で育まれているのは確かです。そこで、伸芽会では0歳児からの教育も大切にしながら、人との関係を作る橋渡しとしての課題を1歳前後から始めています。

もちろん2歳頃までは、まだ子どもたちにも気まぐれなところがあります。そもそも**子どもの中には、質問に答えなければいけない必然性がありません**。わかっていても、答えたくない時は「嫌！」となりますし、無視をしたり、聞こえないふりをしたりします。人に何かを問われた時に、それに答えなければいけないという考え方自体ができていないのです。

しかし、まだ話せない時期から、子どもは「ああ、お母さんはこういうことを言っているんだな」と、こちらの想像以上に母親の言葉をよく聞き分けています。「聞く」と「話す」は表裏一体です。たくさんの言葉をくり返し「聞く」ことから、「話す」こともできるようになっていくのです。

話す時は、お互いにきちんと顔を「見る」ことも大事です。人の顔を見て話を聞くということは、赤ちゃんの頃からずっと習慣づけたいことのひとつです。赤ちゃんは自分から言葉が出るまで、お母さんの口の動きも見ながら、耳から声を聞いてくり返し学んでいるからです。

子どもの顔を見て、「お母さんはあなたのことが大好きよ」と言うことは、子どもの笑顔を引き出すきっかけにもなります。人と人との対話は、顔を合わせ、目と目を合わせて行うからこそ伝わるものです。何かきちんと伝えたいことがある時には、必ずお子さんの顔を見て話すようにしましょう。

5つの力を伸ばしていくために、親と子の信頼関係はとても重要になってきます。それはお子さんとの接し方や対話の中で日々築かれていくものです。関係がうまくできていれば、「うちの子なら、ここではちゃんと聞くことができるな」

ということもわかるはず。０歳から伸芽会に通っている子どもたちも、３歳になる頃には、ある程度の課題はもうわかるようになっています。

楽しい！から生まれる学びの機会

伸芽会の教室では1歳のクラスより課題遊びを始めますが、やっていても、その課題が「できる」かどうかはまた別の問題です。できなくても、みんながつみきをする時に自分も参加することや、一緒にねんどに触っているということ自体がもたらす効果があります。

もしかすると、家にひとりでいる時だったら、ねんども一度触ってポイ、だったかもしれません。「みんなで触ってみよう！」と一緒にやるから、自分も興味を持って触ってみることもあるのです。そこですぐに何か具体的な形を作ることはできなくても、「今日はここまで」。最初のうちはそれでいいのです。それまでにしたことのなかった経験をさせてあげることが、その後につながっていきます。

もちろん家庭でも、お子さんの興味をうまく引き出すきっかけ作りはできると思います。先ほど「触る」という話が出ましたが、感覚を育てることは、「5つの力」を伸ばしていく上で避けては通れません。

色や形、手触りなどの違う素材を触ってみることは、1歳児や2歳児にとってはすべてが新しい経験として、アウトプットのためのインプットとなります。ねんどを強くにぎれば、形まで変えることができます。複数の色のねんどを組み合わせて遊ぶのも刺激的でしょう。

また、子どもの興味をひくためには、「はい、これをやりましょう」とねんどを用意するのではなく、あえて「じゃあ、あそこにねんどがあるから、取りに行ってみようか?」というところから始めます。そこに「行く」という行動がひとつ加わるだけで、子どもにアドベンチャー的な楽しさを感じさせる要素になるのです。

2歳頃にはだんだんと色の概念もわかってくるので、箱のふたに色紙を貼《は》り、その中にそれぞれの色のねんどを入れておいて、「何色がいいかな？」と色を意識しながら遊んでみるのもいいと思います。遊びの中で色について学べる絶好の機会となります。

一緒に遊ぶ時には、お父さんお母さんの目線をできるだけ子どものところまで下げて、**同じ目線で接してあげる**ことがポイントです。**一緒になって遊ぶことで、子どもは「お父さんお母さんと何かやるのは楽しい」と感じて、課題などにも自ら楽しく取り組める**ようになっていきます。

「伸びしろ」を作る育て方

子どもたちは生まれた時から「見る力」「聞く力」の土台となるものを学び始め、言葉などが出てくる頃には、周囲とコミュニケーションをとる中で、「考える力」「話す力」「行動する力」もどんどん培っていきます。

人に言われたり、教えられたりしてやるのではなく、自分でやってみよう、試してみようという意欲を基に「行動する力」などは、子どもが将来自立して社会に出たら、確実に必要となってきます。

何かを行うためにはものごとについて注意深く「考える力」も必要ですし、自分の考えや思いを伝えるためには「話す力」も必要です。人と人とのコミュニケーションには「聞く力」も関係しますし、社会を知る上では「見る力」も欠かせません。

これら「5つの力」は、人間力の土台になるものとして、どれも**バランスよく**

備わっていることが理想的です。小学校受験で出される課題においても、どれかひとつの力だけではなく、ある課題では「見る力」と「聞く力」が試されたり、「考える力」と「行動する力」が必要な課題があったりします。

ただし、ここで言う**「力」は、いわゆる「能力」といった一概に評価されるものとは少し違います**。それは子どもの能力としてチェックされているのではなく、そこから生まれてくる**「ものごとに対する姿勢」**という形で見られているのです。課題に一生懸命取り組めているか。きちんと確かめながらやれるか。集中してできるか。注意力はあるか……。そういったものごとに対する真摯《しんし》な姿勢は、「５つの力」をバランスよく養っていくことで生まれてきます。

では、その「５つの力」は、どうすれば養われていくのでしょうか？

伸芽会の教室で見ていると、課題もよくでき、バランスがいいなぁと思えるようなお子さんは、やはり**「ていねいに育てられている」**のを感じます。お父さんお母さんに問われるのは、手間を惜しまずにじっくり子どもと向き合い、日々の変化を感じながら、いかに子どもの発想や興味、意欲を伸ばす言葉がけをしてあげるか、ということではないでしょうか。

ていねいに育てるということは、もちろん**過保護にするのとは違います**。また、期待ばかりかけて英才教育一辺倒になってしまうのも、成長のバランスをおかしくする原因となります。子育てにおいて大切なのは**「知識」を植え込むのではなく、その子がこれからどれだけ伸びていけるかという「伸びしろ」を作ること**です。家庭で何が大切にされ、どれだけていねいに育てられてきたかということは、子どもが課題を行う姿勢に自然と表れてくるのです。

これから説明する「5つの力」は、それぞれに意識して伸ばしてあげてくださ い。それはけっして難しいことではなく、ちょっとした言葉がけや接し方、意識の違いで、**今日から始められることばかり**です。

子どもたちにとって、世の中でいちばんの理解者であるお父さんお母さんに、ぜひその極意を知っていただければと思います。

幼児期に伸ばしたい「5つの力」①

見る力

5つのベースとなる「見る力」

「見る力」というのは、ただ視覚的に見ることだけを言うのではありません。**周囲にあるものの中からひとつに焦点を当て、それを自分の目でよく観察し、「判断する」**というところまでが含まれます。

「これはお花だ」と判別することもそうですし、「こっちに咲いているのもお花で、こっちに咲いているのもお花。でも、こんなところが違っている」とわかるのも、「見る力」のおかげです。

チューリップの花が咲いているのを見て、「チューリップだ！」とわかる子どもが、花びらが落ちて茎と葉だけになってしまったようなものでは、チューリップだとわからないことがあります。まだ咲いていないつぼみの状態のものでも、チューリップに見えない場合があります。

見るものすべてが新しい子どもたちにとって、世界は驚きと発見に満ちています。それは、学びの原動力とも言えるものです。ただの映像として目に飛び込んでくる情報は膨大な量がありますが、その中からひとつのものに焦点を当てて、本当の意味で見なければ、見えてこないものがあります。

しっかり「見る」ことは、観察力や構成力、記憶力につながります。また手先を使って行う作業なども、まずはお手本を「見る」ことから始まります。何をする時でも、人はまず、見て判断します。行動する上で、視覚はとても大きな役割を担っているのです。

日常生活の中でも、たとえば道にたくさんの人がいれば、それを見て自分はどう歩けばいいかを判断する、ということがあるでしょう。あるいは道端に、前に絵本で見た花とよく似た花が咲いているのを見たら、「似ているけど、本当にそうかな？」と考えるきっかけにもなります。

まさに「見る力」は、5つの力を育てていく上でのベースとも言えるものです。生まれたばかりの赤ちゃんにも周囲のものは映像として見えているわけですが、それは単に見えているだけです。ものを判別して見る力は、抱っこしてくれるお母さんを見て、お父さんを見て、自分にまつわるいろいろなものを一つひとつ観察することから養われていきます。

じっくりと何かを見ることは、ものの本質を知るきっかけとなります。たくさんのものを見て、認識を深め、自分の糧《かて》としていくために、子どもにはできるだけいろいろなものを「見る」きっかけを作ってあげてください。

認識できないのは、見ていないのと同じ

大人の認識から、**「見せているつもり」**になっている方も少なくありません。チューリップにしても、「いつも通る道に咲いているんですけどね」とおっしゃったりするのですが、それは横を通っているだけに過ぎません。

普段通る道にチューリップが咲いている花壇があるのなら、せっかくの機会です。ぜひ立ち止まって、「何のお花だろう?」と、お子さんに語りかけてみてください。

毎日その道を通るのであれば、つぼみができて、花が咲いて、だんだんと枯れていってしまうまで、一連の過程も見ることができます。その体験を通して、子どもはすべてが同じチューリップなのだということを知り、本当の意味で理解することができるのです。

普段の何気ない親子のやり取りの中で、知らず知らずのうちに「見る力」を養うチャンスを逃してしまっている場合もあります。

たとえば電車に乗る時、お母さんが「あそこが空《あ》いているから、座りなさい」と教えると、子どもは言われて座るでしょうが、もしそこで「いすは何色だった?」と聞いても、覚えていないと思います。

でも逆に、子どもが自分で空いているいすを探そうと思えば、やっぱりよく見ます。「あの辺りが座れそうだな」などと思いながら見ていると、同じいすでも観察の度合いが違ってきます。もしかしたらそこで色の違うシルバーシートにも気づいて、「なんでこのいすは色が違うんだろう?」と興味を持つかもしれません。

それぞれの家庭で、独自に教育方針を持って子どものしつけをすることは重要です。でも、しつけ以外の部分にまで、ああしなさいこうしなさいと**親が先回りして世話を焼くと、子どもが自分で見ようとする機会を減らしてしまいます**。家庭で「見る力」を養うための具体的な方法は後の章でもお話ししていきますので、どうぞ参考にしてみてください。

小学校受験でも問われる「見る力」

5つの力のベースとも言える「見る力」は、小学校受験の課題の中でもあらゆる場面で必要になってきます。

ペーパーテストなどでも、お話を聞いた後に絵が描かれたペーパーを渡され、

「今のお話の中で動物がいた場所に丸をつけましょう」と問われたりするものが一般的です。正しい答えを導くためには、「聞く力」と同時に「見る力」がなければならない問題です。

子どもはまず、「野原で遊んでたな!」ということがわかるのですが、用紙には野原がいくつも描かれています。まだ見る力が十分にない子は、最初に目についた野原に丸をつけてしまったりするのです。

よくよく見ることができれば、描かれている野原には、野原の横に川が流れているものや、野原の中に大きな木が生えているもの、お花畑があるものなど、それぞれ違う野原があることがわかります。これを判別する「見る力」がなければ、残念ながら正解に丸をつけることはできません。

これは、「聞く力」とも関係してくることですが、聞いたことがどれだけイメージに置き換えられるかがわかる課題です。イメージする力の発達段階は、絵を描かせてみてもわかるところがあります。

伸芽会の教室では、年長さんに「自分ができるようになりたいことの絵を描きましょう」という課題を出すことがありますが、同じ鉄棒をする絵でも、描き方にはそれぞれの子どもの認識がよく表れています。

ある子どもは、「鉄棒」を描くのに、自分がつかむ棒の部分しかイメージできません。支えとなる左右の支柱がないのです。その棒がどうして目の前にあってつかめるのか、どうやって空中に存在しているのかまでがイメージできないために、左右の支柱まで描くことができないのです。

年長さんくらいになれば、鉄棒とすぐにわかる絵を描くことができるようになる子も多くなります。ただ、子どもの視点は自分中心なので、中には自分の顔だけ大きく描いて、後ろに鉄棒らしきものがちょこんとあるような絵を描く子もいます。それも個性です。子どもの描く絵に関しては、まず**自由な表現を大切にしてあげてください**。

線や丸を描くことから始まり、頭から手足が出て、だんだんと胴体も描けるようになっていく子どもの絵は、その発達段階が本当によくわかります。小学校受験で絵の課題が出るのも、豊かな発想力が育っているかということと、そのベースとなる「見る力」があるか、ものごとをきちんと観察することができているかということも見られているのです。

見比べる力・立体を認識する力

見て、判別するということは、そのものと他のものを「見比べられる」ということです。これは聴覚でも触覚でも同じことですが、特に「見る力」においてはキーポイントになります。

見比べることは、学びの基本です。生物を系統でわけていくことで発達した分類学も、この見比べることから始まった学問でしょう。「この葉っぱは大きい」とか、「形が違う」とか、「この動物は毛がふさふさしている」とか、そういった視覚的な共通項を見つけるところから始まったわけです。最終的にはDNAの問題になってきますが、それもDNAを見比べることで解明されてきたと言っていいと思います。

同じように見えるものでも、ただ見るのではなく、いったいどこが違っているのかを見比べることから、人は多くのことが学べます。子どもたちが自分から見るようになるきっかけとして、その違いに気づかせるような言葉がけをしていくことも効果的でしょう。


お母さんと一緒にやる課題で、こんなものもあります。

まず、二重丸の下に棒を一本描いて花に見立て、茎の部分には左右に葉っぱを1枚ずつ互い違いに描いた絵を、先生が子どもに見せます。それをよく見て覚えたら、お母さんのところへ行って、その絵をお母さんに言葉で説明し、別の紙に描いてもらいます。子どもはお母さんに描いてもらった絵を持って、先生のところへ戻り、元の絵と見比べます。

「あれ？　なんか違うね。何が違うんだろう？」

子どもは今度はもっとじっくり絵を見て、何が違うのかを観察します。

「右の葉っぱが左の葉っぱよりも上についてる！」

見比べ、もっとよく見ることで、子どもは発見します。発見の喜びが、見る力を伸ばします。この課題は、見て、それをお母さんに伝えるための「話す力」も養っていきます。

もうひとつ、「空間を知覚する」ということも、「見る力」に関わってくることです。人は見ることで空間というものの存在を認識して、立体がどう存在しているのかを理解することができるのです。

つみきなどをしていても、子どもの発達段階がわかります。つみきを縦に積み上げられるようになっていくのは2歳児くらいからです。それまでは、ほとんど机や床に並べて形を作ることしかイメージできません。そこからだんだんと立体も作ることができるようになっていくのです。

よく、知覚の問題で「これは何個のつみきが積まれていますか?」という質問がありますが、その絵を見て、「見えているのは3個だけど、この奥にもう1個ないと積めないな」とわかるのは、やはり4歳か5歳になってからです。

それを理解するには、やはりつみきを積み上げてみるのがいちばんわかりやすいと思います。立体や空間の認識に不安がある場合は、基本に立ち返って、実際にものをよく見るということから始めてみてください。

受験ではこう出た！

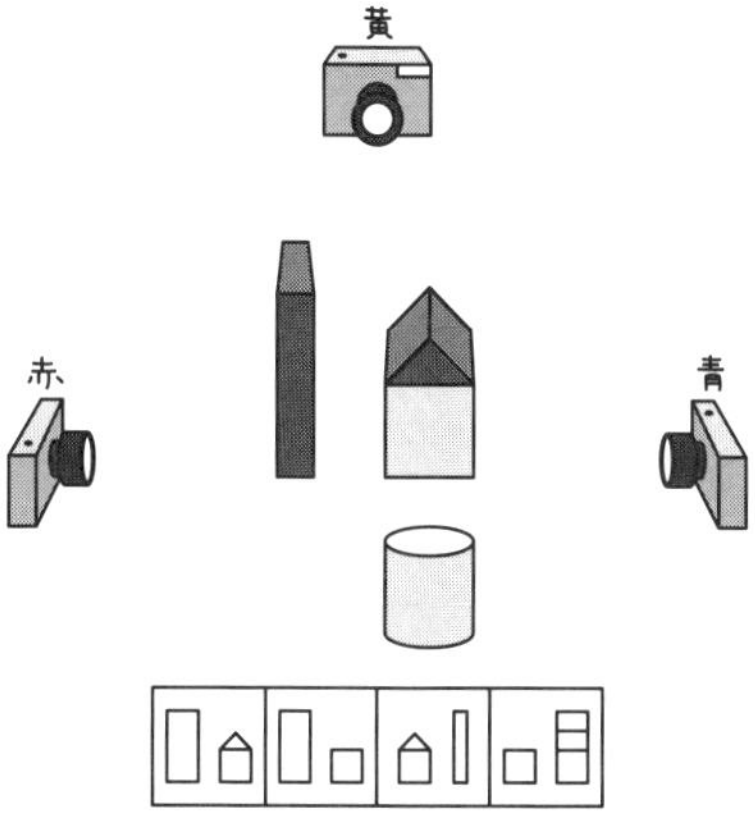

学習院初等科の問題

つみきはどんな形に見えますか?

つみきが積んであり、赤、黄、青の紙でできたカメラがまわりに置いてあります。赤いカメラから見たつみきはどれでしょう。

ここではカメラから見た絵をうまく想像できるかがポイントになります。しかし、幼児にとって実際に見たことのないものを推理することは簡単ではありません。同じようにつみきを並べ、いろいろな角度から見てみる体験をしましょう。

幼児期に伸ばしたい「5つの力」②

聞く力

「聞く力」が理解力につながる

子どもが将来社会に出た時、周囲の状況を把握するために必要な**「聞く力」は、「見る力」と同様に人間力の根本となるもの**です。小学校受験の課題でも、ほとんどすべてがこの「聞く力」に関わってきます。

なぜかというと、幼児を対象にしたテストの問題は、多くが文字で書かれていないからです。すべての課題は、先生の話をきちんと聞くことができなければ成り立ちません。

たとえばこんな問題があります。

「お父さんとお母さんと私が、ケーキをひとつずつ食べました。でもまだ3個、箱の中にケーキが残っています。初めにケーキはいくつあったでしょう？」

それだけ聞くと小学生の算数のようですが、小学校受験では、それを「最初にあったケーキの数だけ丸をかきましょう」という形で出題します。またこんな問題もあります。

「ひとつのお花に2匹ずつちょうちょがとまると、この3つのお花には何匹のちょうちょがとまれるでしょう？」

ここまでくると掛け算の概念になりますが、幼児の場合はそれもイメージの中で、ちょうちょの数だけ丸を描き足していき、解くことになります。小学校では式を書いて計算するわけですが、幼児の場合はイメージの中だけで取り組むので、問題を「聞く力」と理解力が、その分必要になってきます。

また、先生が言っていることを正確に理解するには、それだけの語彙力《ごいりょく》が必要になります。言葉と言葉のつながりを理解するためには、助詞の「てにをは」や、「より」「ずつ」といった比較の助詞なども、正しく理解していなければなりません。

仲芽会の教室でも「くまさん『に』あげてきましょう」「くまさんのところ『から』とってきましょう」などを理解することから始めて、年長さんでは「多いほう『に』丸をかきましょう」「ケーキをどちらのお皿『から』どちらにいくつ移したら、同じ数になるでしょう」といった課題に発展させていきます。

何をどうするかということは、それぞれの質問をきちんと聞いて、理解できなければわかりません。どのような言葉づかいをするかという「話す力」も、この「聞く力」と関係してきます。

後に**小学校で習う国語の基礎となるものも、幼児期は主に「聞く力」によって養われています**。

子どもは最初、絵本でも文字だけを追って、「や」「お」「や」「さ」「ん」「に」「い」「く」……と、一つひとつの文字はわかっても、何を読んでいるのか意味がわからないような状態です。

しかし何度も聞いているうちに、主語と述語、助詞も含めて、文章としての理解ができるようになっていくのです。幼児期にこのような基礎ができていれば、小学校でのスタート地点も全然変わってきます。

受験ではこう出た！

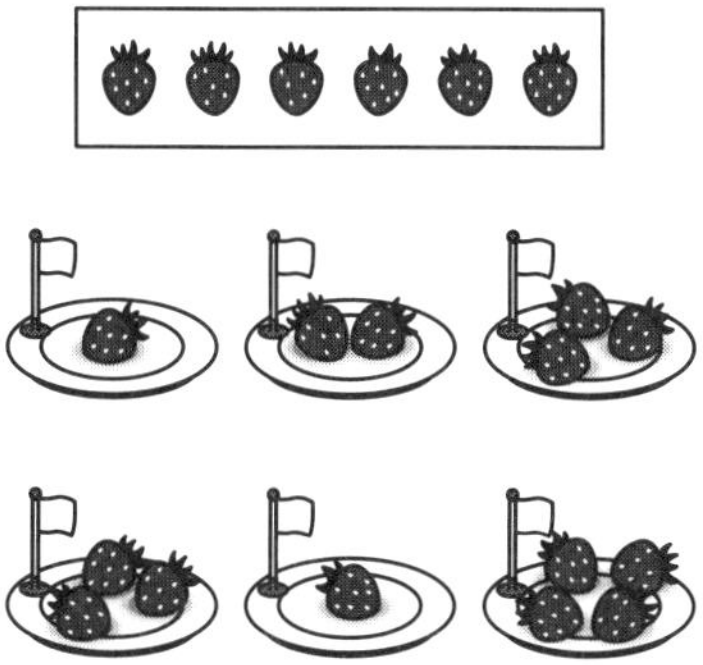

暁星小学校の問題

お皿を選びましょう

上の果物と同じ数になるようにお皿を選んで、そのお皿の旗に○をかきましょう。同じ数にするのにお皿ができるだけ多くなるように選びましょう。

ここでは先生の出す問題をきちんと聞けるか、それを理解できるかがカギになります。

雨の音と、トイレの水を流す音の違いは？

「聞く力」には、言葉以外の音を聞くということも含まれます。小学校受験では、ハイヒールの足音や川の流れる音を聴かせて、「何の音だと思いますか？」と聞く課題が過去に出たことがありました。

課題では、「聞いた音を、次の絵の中から選んでください」といった質問のされ方をしますが、普段は目で見て聞いていることを、音だけの世界でどれだけわかるかというと、なかなか難しいものがあります。そこでは、集中力とともに、**生活の中で音に対してどれだけ敏感か**ということが試されます。

五感の中でも「聞く」ことは、本当に集中していないとわからないくらいに繊細な感性です。水の流れる音でも、海で波が打ち寄せる音から、川のせせらぎ、水洗トイレを流す音までさまざまあります。トイレだったらガチャッという人工的な音がしたり、川のせせらぎなら石にぶつかって流れが変わるような部分があ

お話をよく聞くことは、理解力を深める大きな一歩です。伸芽会の教室でも、話を聞き逃すまいとみんな一生懸命耳をすませています。

ったりするわけですが、そういうちょっとしたことに気づいて反応できることは、ものごとを発見する力にもつながっていきます。

よく見ることができるのと同じで、よく聞くことができれば、音の違いが聞き分けられて、さまざまな発見につながります。こういった気づきも学習の基本となっていきます。

集中していないと、他のものにも気をとられて、聞くことがお留守になってしまいます。先生が言う一連の指示を一度で聞きとることができるかどうかは、まさにその集中力にかかっているのです。

たとえば、床に3本の線が引いてあるのに対して、「青い線はケンケンで行ってください。真ん中の赤い線は手足をついて歩く〝クマ歩き〟で帰ってきてください。最後の黄色い線は、グー・パー・ケンケンで行ってください」といったことを、一度に指示されます。

先生がお手本を見せてくれたとしても、そこで言われたことをきちんと理解して自分で実行するには、「行動する力」もそうですが、指示自体がしっかり聞けたかどうかも試されています。自分で聞いたことを、きちんと行動にして表せるかどうかということです。

「主役」にしかなれない子どもたち

人はそれぞれ、話すことが得意な人や、寡黙だけれど聞き上手な人などタイプはさまざまですが、社会生活を営んでいく中では、相手の言いたいことをしっかり受け止めて聞いてあげることができると、人とのコミュニケーションがずっとスムーズになります。

声には、相手の感情も含まれています。言葉を理解して発する前の赤ちゃんも、声色などからお母さんの感情の機微を感じ取っているのです。言葉でコミュニケーションをとるようになってからでも、そこに含まれている感情が理解できなければ、状況をちゃんと理解していることにはなりません。

子どもに長い時間テレビを見せることがよくないと言われるのは、それが〝**一方通行のコミュニケーション**〟だからです。子どもがいくらテレビに語りかけたからと言って、当然テレビからそれに対する反応は返ってきません。語りかけても、相手が何を感じているのかわからないような状態です。

この人は怒っている、喜んでいる、悲しんでいる……そういった感情の機微を感じ取ることができなければ、人と人とのコミュニケーションは成り立ちません。相手の感情を知るための感受性は、幼児期から育まれる「聞く力」によってでき上がっていくのです。相手の気持ちを推測して思いやる気持ちも、ここから生まれてきます。

今の子どもたちは、この「聞く力」が弱くなっている傾向があります。人の話が聞けないということもありますが、それ以前に「とにかく自分が言いたい」という気持ちが強いようです。なぞなぞをしていても相手の質問を聞いていられず、「私も！」と、自分の質問を言いたくてしょうがないような状態の子どももいます。

それはひとりっ子が多いこととも関係しているのでしょう。家でいつももてはやされているために、**主役になることしかできない子ども**が増えています。相手が何を感じ、何を伝えようとしているのか。それを「聞く力」は、人への思いやりの心にも通じてきます。

幼児期に伸ばしたい「５つの力」③

考える力

子どもの空想は「考える力」につながる

「考える力」は、「教えない教育」と関係しています。人から言われるのではなく、自分自身で考えて、答えを出すことができるかどうか。また、いろいろな状況に応じて工夫をしたり、想像したりすることは、「考える力」の大事な要素です。

しかし幼児の場合、考えるということ自体が、じつはなかなか難しい部分でもあります。大人が思うような思考力や推理力は、まだ十分には発達していないからです。

ただ、論理的な思考は発達していなくても、**幼児の可能性の原点は「想像力」**

にあります。空想が大好きな幼児ならではの豊かな想像力を、抑えることなくうまく広げていってあげることが、「考える力」の育成にもつながります。

余談ですが、人間の歴史自体、空想によって築かれてきた部分があります。昔は「こうしたら金が作れるんじゃないか」という空想から、錬金術なども考案されるなど、その後科学が発展した原動力となっているのも、人の空想力です。

空想も、高度になっていけば推理や論理的思考と結びついていくのです。また、「考える力」をつけるということは、子どもが傾けるエネルギーに、ひとつの方向性を作ってあげるという意味もあります。

「考える力」を育てる成長過程では、「こうだと思ったけど、実際は違った」という、**失敗体験もとても大事**です。失敗があってこそ、次の「できた!」という成功体験が生きてくるからです。

周りの大人はとかく「あなたには無理だよ」「こうなるからやっちゃダメ」と、頭ごなしに言いがちですが、**なぜそれが無理なのか、なぜしてはいけないのかを考える機会も、子どもに与えてあげるべき**だと思います。

考える中で疑問が出てきた時に、その疑問を率直に話せる状況を作ってあげるということも大切です。せっかく子どもが何かを考えているのに、「ええ？　そんなことはないでしょう」と言ってしまっては、元も子もありません。クリエイティブな発想を育てるためにも、その子なりの個性を大切にしてあげてください。

みんなと同じ答えになるのが、必ずしも正解ではないこともあります。受験でも、集団で答える課題で、「どんなお友だちがほしい？」と聞かれて、「やさしい子」と1人目の子どもが答えると、続く子どもたちも「やさしい子」「やさしい子」と、全員が同じ答えになってしまうことがあります。

確かに間違いではなくても、果たしてそこに「考える力」がどれだけ働いているのか、やはり疑問が残ります。

考えるきっかけは身近に転がっている

普段の言葉がけの中からも、子どもが考える機会は生まれてきます。女の子に人気のアニメで、少女が伝説の戦士「プリキュア」として悪と戦う物語のシリーズがありますが、「何になりたい？」と言った時に、「プリキュアになりたい！」と言う子には、「じゃあ、プリキュアになるにはどうしたらいいかな？」と尋ねます。

すると子どもは、「どうしたらいいかなぁ？」と、真剣に考え始めます。「お友だちを助けてあげる」など、何か具体的な答えが出てくれれば、それはひとつの成果でしょう。「プリンセスになりたい！」と言う子は、「じゃあ、お行儀よくなったほうがいいよね」と言うと、もうピシッと、さっきまでがうそのようにおしとやかになったりします。

どうしても「考える力」というと、論理的に答えを出すために考える、というところに大人はもっていきがちです。でも考えることの根本は、自分が置かれたあらゆる状況に合わせて、今までに自分が体験してきたことや知識を使って「どうすればいいか？」という状況判断がしっかりできるかどうか、ということにあります。それがきちんとできていけば、ひとつの正解を求められる課題になった時も、自分なりの道すじを立てて答えられるようになります。

日頃自分で持ったさまざまな疑問や、気づいたり発見したりしたこと、やってみたことなどの総合的な体験は「考える力」の基となるので、大切にしましょう。**まずは「なぜ？」「どうして？」という疑問を持つ**ことから。この気持ちを持たせるだけで、子どもは自主性をもって考えられるようになっていきます。

教え込む勉強は、まさにこの正反対です。最初から答えをそのまま与えてしまえば、疑問を持つこともなく、子どもの思考はそこでストップしてしまいます。自分でしっかり考えて答えを出すことは、そのほうが答えが記憶として残りやすいというだけでなく、答えを出す過程の中で「考える力」を養うという意味も大きいのです。

夢の中で生きている子どもたち

子どもたちには、〝夢見る時間〟が必要です。もともと直感的にものごとを判断しているところで、いきなり論理的な思考を求めて推理させれば、やっぱり無理が出てきます。受験を考えているお父さんお母さんもまずは焦らずに、お子さんの楽しい空想をふくらませてあげることから始めてみてください。

ただの正解として答えをたどるのではなく、「どうしてかな？」「こうなったらいいなぁ」「もしもこうなったら、どうなる？」と、興味を持って考えを深めるほうが、子どもは本当の意味で力がつきます。答えが重要なのではありません。**その答えにたどりつくまでの過程を大切にしてほしい**と思います。

確かに今後、小学校に入ってからは、答えを出すためにいちばん効率のいい方法を教えられる授業を受け、勉強していくことが多くなります。試験では正解を出すことを求められ、考える過程に対しての点数はなかなかつけてもらえないようです。しかしだからと言って、記憶力だけ伸ばしていけばいいかと言えば、そうではないのです。

記憶による知識量は、試験で点数をとることにひと役買うでしょう。それも大切なことですが、そこで、ものごとが論理的に考えられているのか、本当の意味での力が養われているかどうかはまた別問題です。

小学生でも、たとえば算数で、「3×4＝12」を暗記していながら、それが「3＋3＋3＋3＝12」と同じ意味だということがわからない、ということがあります。同じ問題でもちょっと言い方を変えるとわからなくなったり、「□＋6＝10」で空白の数字を聞かれるなど、違うやり方を提示されてもわからないというのは、**その数式が意味すること自体が理解できない**からです。

やり方を教えてもらえば解けるけれど、そのやり方でしか解けない。どうしてかと言えば、**「何のためにそれが必要なのか」「何のために今これをやっているのか」にまで、考えを深めていない**からです。数学などで、問題の解き方は知っていても、その式が何を意味しているのかわからずに終わっている方は大人でも少なくないと思います。意味がわからないことが、応用問題ができない原因にもなっているのです。

幼児期に、失敗を重ねて、少しムダに思えるくらいの回り道をして「考える力」をつけていくことは、学ぶことの楽しさを知り、本当の勉強を身につけるきっかけとなります。何か行動に移すためのファーストステップとなるこの「考える力」は、豊かな人生にとっても不可欠な力と言えるでしょう。

受験ではこう出た！

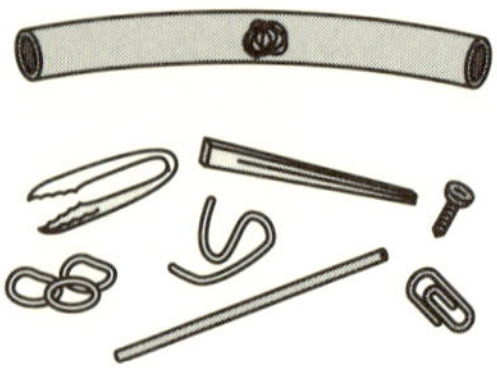

青山学院初等部の問題

ホースの中のゴミはどうやって取る？

ホースの中にゴミが詰まってしまいました。道具の中から好きなものを使って、このゴミを取り出しましょう。

ここでは事前に与えられたものを使って、どうなるのかを想像する力が必要になります。

幼児期に伸ばしたい「5つの力」④

話す力

社会性の基本となる「話す力」

子どもが将来自立して生きていくために必要な社会性の基本は、人と人とのコミュニケーションにあります。「話す力」は、「聞く力」とともに、そのコミュニケーション力を支えるものです。

迷子になるなど何か困ったことがあった時、相手にそれをきちんと伝えられるかどうか。自分の思ったことを外に出して表現し、誰かにわかってもらうことができるかどうか。それは「話す力」にかかっています。

よく、日本人は文化的に表現することが苦手だと言われますが、社会に出た時、世界と渡り合っていくコミュニケーション力は、グローバルな活躍の場が広がっている今、ますます重要視されています。

そんなお子さんの「話す力」を伸ばしてあげたいと思った時、**まず避けていただきたいのは、親の「先取り」**です。

大人はどうしても子どもよりも話す力があるので、子どもが言うことをつい先取りして話してしまうところがあります。「これがほしいの？」と、子どもの欲求を先に聞いてしまうのも、子どもの積極性や話す力を育てることを考えれば、あまりいいことではありません。

仕事から帰ってきたお父さんに、子どもが今日あったことを話そうという時にも、「今日はお友だちの家に遊びにいったのよね」と、いつの間にかお母さんが説明してしまっていたりすることはありませんか？

せっかく子どもが自分で話をしようとしても、先回りして言われてしまえば話す機会が減り、結果的に自分で筋道を立てて話すことができなくなってしまうのです。

お子さんとの日々の会話の中でも、「うん」という返事だけで終わる先取りの会話ではなく、**時間はかかってもお子さんから何か話が出てくるのを待つ**ような配慮が周りの大人には必要です。

引っ込み思案な子も楽しく話せる

人見知りは、成長の証でもあります。赤ちゃんがお母さん以外の人に抱かれて泣くのは、お母さんと違う人の区別がついているということですから、それは立派な成長なのです。けっして心配なことではなく、むしろ「よかったですね」とお母さん方にも言っています。

0歳から1歳、2歳くらいまでは、伸芽会の教室でもたいていの子どもは最初は泣いてばかりです。しかしそれから、1週間に1度でも教室の先生の顔を見ることで、だんだんと認識ができてきます。そこから安心感が生まれてくると、新しい人とのパイプができ、警戒心よりも、そこでやっている活動に興味や関心が出てくるようになります。そこで初めて、他人と一緒に活動することができるようになっていくのです。

よく、「私が内気なので」とか、「私も小さい頃は人見知りが激しかったから、仕方がないですね」とおっしゃるお母さんがいますが、ちゃんと後押しをしてあげることで子どもは変わります。まずは人と関わることに自信が持てるように、さらに人とのコミュニケーションが楽しめるようになれば、お子さんの世界はずっと広がっていきます。

人と向き合うことが恥ずかしい。照れくさい。怖い。最初にそういう気持ちがあると、人とコミュニケーションをとっていくのはなかなか難しいでしょう。

以前、1歳から教室に来られたお子さんで、最初は本当に大人が苦手な子がいました。相手が子どもなら大丈夫なのですが、大人は威圧感があるのかもしれません。初めて会う大人は、話しかけてもまったく答えてもらえないような状況でした。

それでも1年経てば、様子はだいぶ変わってきました。集団の中でほかの子どもたちの様子を見るうちに、「何かを聞かれたら、お話をするんだな」ということがわかり、話の仕方もだんだんと覚えていきました。「こういうことを言ったら褒《ほ》めてもらえる」ということもわかってきたのでしょう。

子どもの動機はわかりやすく、単純明快です。大人に認めてもらったり、受け入れてもらったりすること、なにより親に褒めてもらえることがうれしいからやるのです。

幼児には、**楽しんで話す機会を作ってあげることが大切**です。引っ込み思案な子も、自分の得意な分野のことや、おもしろかった経験についてなら、楽しく話すことができると思います。

自分が話しやすいところから経験を積んでいけば、「話す力」もだんだんとついてきます。

コミュニケーションがうまく取れた時には、本人も喜びを感じて、また次の意欲が起きるきっかけにもなるでしょう。

「話せる」と「話す力」は違う

「発信型」「受信型」という言い方もしますが、どちらかと言えば引っ込み思案な「受信型」の子どもに対して、どんどん自分から話をしたがる「発信型」の子どももいます。ただ、そこにも少し問題があることがあります。

発信型の子は、自分はとても楽しくお話ができるのですが、みんなでいる時にも、「私はね」と自分が聞かれてもいないのに話そうとしたり、人の話をちゃんと聞くことができなかったりします。

また、たくさん話すことができたとしても、話し方も上手かというと、そうではないことがあります。ひとつのことから「あのね」「それでね」と、話がどんどん違うところへ飛んで行って起承転結がなかったり、しゃべりたいだけで結局何を言いたいのか、相手に伝わらないこともあります。

自分の思っていることを、的確な言葉で相手に伝えることは、社会生活を円滑に営んでいくための必要不可欠な手段です。小学校受験でも、この「話す力」を試される課題は少なくありません。そこでは同時に相手の思いをくみ取ることができるコミュニケーション力も見られています。

幼児期は、家庭の中で自分のことを全面的にわかってくれるお父さんお母さんに見守られて過ごしている子どもたちも、社会へ一歩出れば、他人にもわかるように自分を表現していかなければなりません。

小学校へ電車やバスに乗って通学するなら、たとえば駅を乗り過ごしてしまうといったことも起こりえます。どうやって元の駅に戻ったらいいのかわからなくなったという時に、そのことを人に伝えることができなければ、自分の置かれたその困った状況を打開することもできません。

話す上でまずいちばんに必要なのは、どれだけ伝えようという気持ちがあるかです。その次に、きちんとお話ができるかどうか。これは起承転結があることもそうですが、さまざまな言葉を知っている、語彙力があるということも含まれます。

受験ではこう出た！

聖心女子学院初等科の問題

相談して、ライオンの家族を演じましょう

３人ずつに分かれ、ライオンの家族（父・母・赤ちゃん）の役を相談して決めます。その後、先生がお話ししたライオンの家族の物語通りに役を演じます。

ここでは自分の意思をきちんと伝えられるか、相手の話をしっかり聞けるかなどとともに、リーダーシップの取り方も大切になります。

幼児期に伸ばしたい「5つの力」⑤

行動する力

自信を持つことから生まれる「行動する力」

他の４つの力の総括とも言えるのが、この「行動する力」です。必要な時に、自分の判断で、自分で思ったり考えたりした通りに動くことができるかどうか。しっかりあいさつができるか、約束ごとが守れるかといったことなども関係してきます。

小学校へ上がったら、自分ひとりではなく、クラス単位の集団生活をしていくことになります。そこで全員が一緒に行動するためには、約束ごとがきちんと守れないようでは困ります。

また、あいさつや返事がきちんとできることも、子どものうちにしっかり身に

自分のことだけでなくお友だちのことも考えて行動できるかということは、集団生活や社会性を考えるうえでとても大切な力です。

つけておきたい力です。伸芽会でも、「ここで待っていて、お名前を呼ばれたらお返事をして、これをやりましょう」というように、約束ごとを決めて課題を行うことで、決まりごとを守る習慣をつけています。

さらに、これも一種の社会性ですが、自分のことだけではなく、お友だちのことも考えて行動できるか、言葉をかけてあげられるか、といったことも「行動する力」のひとつと考えていいでしょう。

何かしましょうという時に、最後まで自分でやり遂げられること、やり遂げようとする気持ちが持てるということも、「行動する力」に入ってきます。絵を描くこと、お話をすること、運動をすること、ペーパーの問題を解くこと、行動観察の課題で自ら働きかけることなど、試験に関わるあらゆる行動の原動力ともなる力です。

何ごとも積極的に行動できる子には、自信があります。行動できないというのは、不安の表れです。

特に初めてやることであれば、それが自分にできるのかどうか、不安に思うのも無理はありません。逆に言えば、一度「これなら私にもできる！」と思えれば、落ち着いてなし遂げることができるのです。

兄弟や姉妹がいる子どもの場合、上のお兄ちゃんお姉ちゃんの体験を横で一緒にすることになるので、倍の経験ができる分、積極的になれることがあります。子ども同士、兄弟姉妹の間では、けんかをしたり、意地悪をされたりする理不尽なことも起こりますが、そういう時にどう対応していくかは、「行動する力」を鍛えることにもつながっていくようです。

ただ最近はひとりっ子のお子さんが多いようなので、お父さんお母さんは兄弟の代わりになるつもりで接してあげる場面も必要だと思います。親子一緒に新しいことにもどんどん挑戦してみてください。

最初の一歩を踏み出すことはなかなか大変だと思います。それでもひとつずつ、着実に成功体験を重ねていけば、行動するための自信も培われていくはずです。

3歳の子が「ひとりで教室に行く！」

恐れずに、何でもやってみるということは大事です。その時には、**周りの大人が先回りしない**ようにしてあげてください。

大人はどうしても先に失敗が見えてしまうので、「ちゃんと、こういうふうにしなさい」と言ってしまいがちです。子どもは理屈に合わないことをしますし、ゴールを考えずに無茶なやり方を選ぶこともありますが、幼児の場合は**失敗や回り道をしてでも自分で考えながらやってみるということが大事**なのです。

仲芽会に来ていたお子さんで、こんなことがありました。

1歳の頃から仲芽会に通っていたその男の子は、教室の近くに住んでいました。その子が3歳になるかならないかの時に、急に「教室にひとりで行く！」と言い出したのだそうです。

「ひとりで行くんじゃなきゃ、嫌だ！」

家は確かに教室の近くにありましたが、車も通っていますし、危ないからと言って聞かせるお母さん。しかし、男の子は意志の強い子で、頑《がん》として聞き入れようとしません。そこで、「じゃあひとりで行きなさい」と言って、お母さんは後ろからこっそりついて行くことにしました。

『はじめてのおつかい』というテレビ番組がありますが、まさにあの感じです。番組では、子どもたちがおつかいを頼まれて、初めて挑戦することに泣いてくじけそうになりながらも、最後にはやり遂げて、いろいろな体験を通して成長した姿を見せてくれます。

番組と同じように、先のお母さんはヒヤヒヤしながら、教室に向かってひとりでずんずん歩いて行く男の子を、少し離れた物陰から何も言わずに見守りました。

いざ遠くから見ていると、まだまだ幼いと思っていた3歳のわが子が、思いのほかしっかりと歩いて、普段危ないから気をつけなさいと言って聞かせていることにも気を配っている様子です。車が通ったら、電信柱の後ろまで隠れるほど敏感に反応しています。そうして3歳の子が、ちゃんと教室までたどり着くことができたのでした。

子どもが何かをひとりでやってみたいと言うのは、「自分の力を試したい」という気持ちが持てたということです。それはひとつの成長です。2歳半くらいになると、このようにどんどん自我が出てきます。言われたことに対して「嫌だ」と言ったり、何かやってあげようとすると手を払われて、「自分でやる！」などと言い始める時期でもあります。

大人から見たらすごく危なっかしいことも多いのですが、親がそれをさせてあげられる気持ちの**余裕を持つことも大事なこと**です。これは、伸芽会で重視している「好奇心」「興味」「関心」の土台にもなる自発的な気持ちです。心配な時は、子どもには見えないところで、そっと見守ってあげてください。**ひとりで何**

かをやるということは、自立して行動する力を養うためにも貴重な体験です。

夢中になれるものを持っていますか？

ある小学校の試験には、ペーパーテストも面接試験もありません。何人かのグループで一緒に遊ばせたり、運動のテストなどで合否が判定されるので、「いったい何がチェックされているのでしょう？」と不安がるお父さんお母さんもいらっしゃいます。しかし、合格したお子さんたちを見ていると、やはり共通するものを持っているようです。

共通しているのは、**「豊かな発想力を持っている」**こと、**「何か得意なものがある」**ということです。絵や制作の課題でも、自分の空想をじつにのびのびと楽しんで描くことができたり、「ボールつきなら何回でもできるよ！」と、目を輝かせて発表できる得意なもの、熱中できるものがあるお子さんなのです。

そんなきらりと光る個性は、家庭の中でじっくり育まれていくものです。ひとりの人間としての個を尊重し、興味や好奇心を伸ばしてあげている両親の下で、子どもたちも安心して自分の世界を広げていきます。

以前、ある小学校の試験で、絵画の課題で描こうと思ったことが時間内に十分に描けなかった子が合格したことがありました。

じつはその子は、自分が大好きな恐竜について、先生に話して聞かせることに夢中になってしまったため、それで絵を描く時間がなくなってしまったのです。極端な例ですが、それくらい情熱を傾けられるものを持っているというのは、受験だけでなく、その子自身の財産となります。

何かひとつでもいいのです。**夢中になれる心の財産があることは、子どもたちの自信となり、行動するエネルギーの源**となります。

将来、どんなものに興味を持つようになるかは、親にもわからないことです。子どもの興味はそれぞれに千差万別。男の子だから、女の子だからということも関係ありません。

ご家庭でも日々の生活の中でできるだけいろいろなものに出合う機会を作っ

て、お子さんの興味がかきたてられるようなチャンスを与えてあげてください。

次の章では、これまでにお話しした「５つの力」を家庭で育むにはどうすればよいのか、すぐに実践できる教育法を、10の例を挙げてお話しします。

受験ではこう出た！

慶應義塾幼稚舎の問題

不思議な生き物や虫をかいてみましょう

（博士になりきった先生が白衣を着て、虫眼鏡を持って現れます。「すごいものを発見した。これは見たこともないようなものが何でも見える虫眼鏡です」とお話しします）

その虫眼鏡で見える不思議な生き物や虫をクレヨンでかきましょう。

ここでは豊かな発想力や好奇心が問われます。

それぞれどの力が身につくのかについても載せていますので、参考になさってください。26ページの「小学校までに身につけたい「5つの力」チェック!」で不足しているなと感じたものや、もっと伸ばしたい力があったら、それから始めてみるのもいいかもしれません。

第5章

「5つの力」を伸ばす家庭教育法10

家庭教育法
1

絵を描く

身につく力

見る力　考える力
行動する力

幼児が自分の思いを表現する手段として、絵を描くことはとても大切なことです。

何かを描くためには、絵のイメージの素《もと》となるものを見ているか、または見たものが頭に浮かんでいなければ描けないので、「見る力」が大きくかかわります。絵を描くこと自体もそうですが、絵に描く題材となるさまざま体験をするには、「行動する力」も必要です。

ここで注意したいのは、**絵が「らしく見えない」のは問題ではない**ということです。表現を限定してしまうのではなく、**発展させていくような言葉がけ**を工夫しましょう。「うさぎの耳はもっと長いでしょう」ではなく、「うさぎさんはどんなお耳？」「長いお耳！」「どれくらい長～いの？」と、自分で気づかせるのがポイントです。

描く紙はスケッチブックに限りません。たとえばすごく細長い紙に描いてみるとか、段ボールに描いてみるなどという工夫をしてもおもしろいと思います。「この紙に描くなら……」と考えることが、また新しい発想の素になります。

そして子どもが描いた絵は、たくさん褒《ほ》めてあげましょう。褒める時は、「丸が上手に描けたね！」「色をたくさん使えたね！ きれいだね！」など、できるだけ**具体的に褒めてあげる**のがポイントです。何がよかったかを知ることは次の参考にもなり、褒められる喜びもより大きくなって、自信につながります。

絵が苦手なお子さんには、割りピンを使って紙人形を作るのもおすすめです。紙を切って、頭と胴体と手と足をバラバラに作って、割りピンで留めます。割りピン人形ができたら、イメージしたポーズになるように動かして、背景の絵も描きます。それによって手足がそれぞれに動くことを体験的に理解し、手足の動きまで意識して描けるようになっていきます。

「絵が大好き」という子でも、いつも**自分の描きたいものだけをくり返し描いている**ことがあります。せっかくの自己表現の場ですから、そんな時は**他のものにも目を向けられるような声がけ**をしてあげてください。

そこで、ちょっとした**テーマを設けてあげる**のも効果的です。たとえば「ほしいものを描いてみよう！」など。「今度の誕生日に何がほしいか、おじいちゃんおばあちゃんに絵で手紙を描いてみようか」「クリスマスにサンタさんに絵を描いてお願いしよう！」。そんな具体的な目的があると、意欲を持って描くきっかけになります。

人に伝える手段として絵を描くと、「これじゃあどんな電車のおもちゃかわからないな」「どんな色がいいかな？」など、自分が描きたいものに近づけるため試行錯誤するので、描くレベルを上げることにもつながります。

また、「今咲いているお花を描いてみよう！」というテーマなどもおすすめです。実際に家の外で描く花を探すところから始めると、いろいろな発見も出てくるでしょう。同じ春でも、春先と、夏に近づいてからとでは咲いている花も違ったり、木に咲くものや花壇で咲くものがあることなどもわかります。

伸芽会の教室には、熱帯魚やエビ、巻貝などがいる大きな水槽が置いてありますが、そこでも子どもたちはよく発見しています。「貝が壁にくっついている！」「エビが赤くない！」。エビに足があることを知らなかった子は、本物のエビを見て、初めて足も描くことができます。

ペットショップなどでも、そんな発見はたくさんできます。ただ、カブトムシなど、もし山へ自分で捕りにいくことができれば、苦労した分、買うよりもずっと発見が多くなるはずです。

発見の中で得るインプットは大きいと思います。よく見る前と、見た後では、描ける絵もだいぶ違ってくるでしょう。

体験したことを絵にする「絵日記」を描く習慣をつけると、さらにイメージが定着します。受験前などにも、記憶をよみがえらせるいい素材にもなってくれるのでおすすめです。

「見る力」「考える力」「行動する力」を伸ばす家庭教育のコツ～絵を描く～

・人物の動きがとらえにくい時は、割りピンで人形を作って動かすなどの工夫を。
・「らしく見えない」ことは、問題ではない。発想を限定しない伝え方を。
・細長い紙などいろいろなものを使って絵を描くと、新しい発想の素になる。
・子どもが描いた絵は、できるだけ具体的に褒める。
・同じ絵ばかりでなく、新しい絵にも挑戦させる。何かテーマを持つといい。
・絵日記を描く習慣をつければ、体験したイメージがしっかり定着する。

家庭教育法
2

絵本の読み聞かせをする

身につく力

見る力　聞く力
考える力

絵本の読み聞かせは、絵本を「見る」、お話を「聞く」、登場人物や場面について「考える」など、学べることがたくさんあります。

3歳くらいまでは、何度も同じ本をくり返し読むことをとても喜びます。それは、登場する主人公が好きだとか、展開のわかっているものだと「安心して聞ける」というのが理由だったりします。

お話ししてもらうのを聞きながら、自分の中で「これは次にこうなるんだ」と思っていて、「あ、やっぱりそうなった！」というのが、それだけですごくうれしいのです。そういう気持ちはぜひ大事にしてあげてください。

また、1歳、2歳の頃は語感にすごく敏感です。言葉を覚える時期は、「クマさんのっしのっし」「赤ちゃんよちよち」「泡ぶくぶくぶく」など、**〝くり返し言葉〟が出てくる絵本がおすすめ**です。リズムよく、アクセントを工夫して印象に残る読み方をすると効果的でしょう。

もう少し大きくなったら、内容を考えさせるようなものを選んでもいいと思います。ただ、絵本は親子をつなぐコミュニケーションツールと考えてください。どちらかの一方通行にならないよう、お子さんが読んでほしいと言う本もたくさん読んであげて、お父さんお母さんも、昔読んだ思い入れのある絵本などをぜひ読んであげてほしいと思います。

これもひとつの想像力ですが、絵本のストーリーを追っていると、子どもは登場人物がどんなことを考えているか、また「自分がその立場だったら?」ということも考えるかもしれません。そのままさらっと読んでしまうとあっという間ですが、**読み終わった後に親子で想像をふくらませて話すと、考えがより深まります。**

絵本は、消防車が主人公だったり、食べものが主人公だったりと、本当に多様化しています。普段は考えたことのないような主人公の気持ちに自分を置き換えてイメージすると、新しい考えが出てくるかもしれません。

たとえば、「つみきを投げちゃだめでしょう」と叱《しか》っていたのが、「つみきがかわいそう。投げたらきっと痛いよね」と、つみきの気持ちを代弁する形で言えたりします。ものを大切にする気持ちも、**3歳くらいまではそのように擬《ぎ》人《じん》化して、自分がその立場に立つほうがわかりやすい**ことがあるのです。

4歳、5歳になってくると、絵本の文字が読める子も増えてくると思いますが、想像力を伸ばすために、**あえて外国語の、「読めない絵本」を見るのもおすすめ**です。「何がかいてあるんだろうね?」「この子はどこへ行くんだろう?」と、お子さん独自の世界観でストーリーを想像するのもおもしろいと思います。

絵本を読むのは、朝の出かける前でも、おやつの前のちょっとした時間でもいいでしょう。お友だちと遊んで興奮して帰ってきた時に、少し落ち着かせる意味で読んであげてもいいでしょう。

寝る前に読む時は、目をつぶって絵が見えない状態で聞かせると、集中して耳で聞く、いい機会になります。

その時は一冊すべて読む必要はなく、「今日はここまでにしましょう。続きは明日ね」ということにすると、続きへの期待感が高まったり、次の日に「昨日はどこまで読んだっけ？」と、前日に読んだところのイメージをお子さんに確かめたり、考えるきっかけにもなったりします。


「見る力」「聞く力」「考える力」を伸ばす家庭教育のコツ～絵本の読み聞かせ～

・同じ絵本を読むのが楽しい3歳くらいまでは、何度でも読んであげる。
・くり返し言葉やリズムをつけるなどして読んであげると、印象に残りやすい。
・子どもが好きな絵本、親が読ませたい絵本をバランスよく組み合わせる。
・登場人物やストーリーについて、感じたことを親子で話して考えを深める。
・あえて文字が読めない外国の絵本を見せて、空想の世界を広げてみる。

家庭教育法
3

親子で工作する

身につく力

考える力
行動する力

家庭でお父さんお母さんと一緒に何かを「作ってみる」ことからも、多くのことが学べます。自分も工夫して作ることによって、「考える力」や、意欲的に「行動する力」が養われていきます。

制作の際はテーマを設けると、そこに発想が生まれてきます。たとえば「動くものを作ってみよう」といったテーマもいいと思います。子どもは、「動くものには何があるだろう?」と考え始めます。動物が出てくるかもしれませんし、何か乗りものが出てくるかもしれません。

家に丸いふたがあったら、「これを使って何か作れないかな?」と発想してみるのもいいでしょう。「丸いものって何がある?」と聞いて、「タイヤ!」というう答えが出てくれば、「じゃあこれをタイヤにして車を作ってみようか」と提案し、どうしたらちゃんと動くタイヤになるかを一緒に考えます。

「割り箸《ばし》と輪ゴムでは、何ができる?」という問いかけもできます。「輪ゴムは伸びて、飛ばせるよね」「割り箸にくっつけたら、何か飛ばせるかも……」とヒントを与えていくと、「飛行機を飛ばそう」「カエルをジャンプさせよう」といった発想も出てきます。

割り箸でっぽうなどを、お父さんと一緒に作るのもいいでしょう。「お父さんと作ったら、こんなすごいものができた!」という体験は、親子の信頼関係も育んでいきます。中には工作が苦手なお父さんお母さんもいらっしゃると思いますが、工作の本などもいろいろ出版されているので、そういうものを参考にしてもいいかもしれません。

工作用具が豊富な専門店やホームセンターへ行って、**一緒に材料を探してみる**のもおもしろいと思います。初めて見るような材料が見つかれば、そこから何を作ることができるか、また新たな発想が生まれることにつながります。

親子で工作 その1　割り箸でっぽう

■用意するもの

割り箸……7膳　輪ゴム……8個（うち1個は飛ばすタマとして使用）

■作り方

①割り箸を3膳一緒に輪ゴムで束ねる（2ヵ所）。

②真ん中の1膳を、太いほうから1／3ほど引っぱり出す。

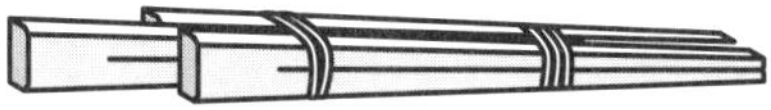

③割り箸1膳を割り、さらに1／3の長さに切る。短いほうの1本のみを使う。
②の2つの箸の間に差し込んで、輪ゴムをかける。図のように差し込んだ箸が必ず斜めに固定されるようにとめる。

④A、B、C、Dの順に輪ゴムでとめたらできあがり。

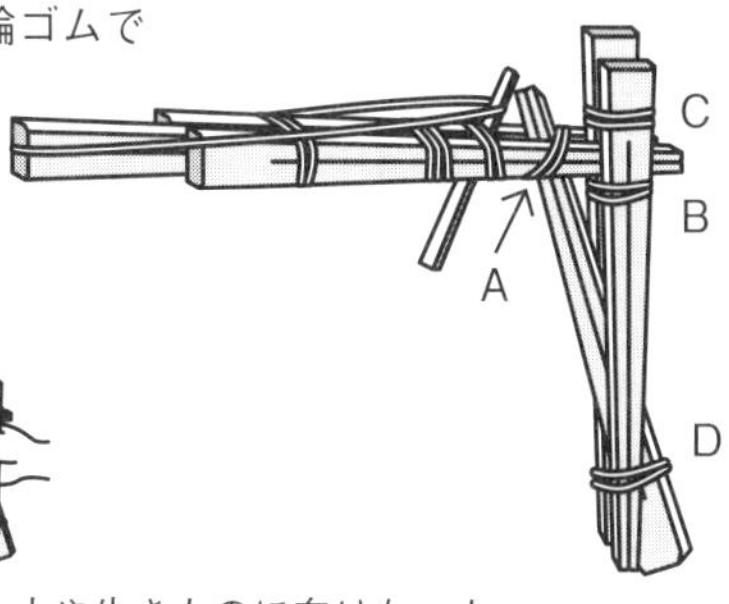

注意　完成後に遊ぶ時は、人や生きものに向けないよう的を決めて親子で遊びましょう。

「風で動くものを作ろう」ということなら、折り紙やストローを使って風車を作るのもおすすめです。「ここに風が当たるから回るんだな」ということも、自分で作るとより実感してわかることになります。

制作する時は、できるだけ**子どもが自分の手を動かして考えられるように、お手本となるお父さんお母さんの分と、子どもの分をそれぞれ別に作る**ようにします。自分用のお道具箱と材料が入った箱を作っておいて、出し入れも自分で管理させるといいでしょう。お道具箱にはのり、ハサミ、セロハンテープ、穴あけパンチ、輪ゴム、マジック、鉛筆、クレヨンなどを入れ、材料の箱には牛乳パック、ティッシュの空き箱、リボン、ひもなどを入れておきます。

「水に浮かぶものを作ってみよう」と、船などを作ってもいいと思います。「水に浮く材料は?」と、いろいろなものをお風呂《ふろ》に浮かべてみると、「お皿は沈む」「紙はぬれちゃう」など、体験して知ることも多いと思います。底に沈んでしまったものを、「手をぬらさずに取るにはどうしたらいいかな?」と考えてみるのも、発想力を伸ばすいい機会です。

親子で工作 その2　風車

■用意するもの

大型のアクリルコップ　紙皿
蛇腹になった（曲がる）ストロー　綿棒　輪ゴム

■作り方

①紙皿は六方からハサミで切り込み、真ん中に穴を開ける。図のように切り込みの一方ずつ折る。綿棒の先端を片方だけ切り、紙皿の真ん中に差し込む。

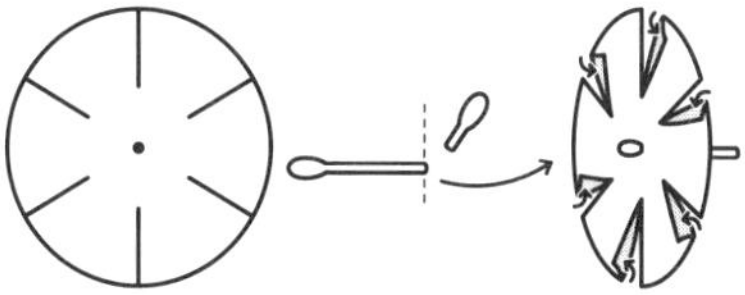

②ストローの１／４をハサミで切り、輪ゴムで十字になるようにとめる。

③アクリルコップにストローをテープでとめ、綿棒を差し込んだらできあがり。

ポイント　ストローを十字にして固定することによってななめになるので、紙皿が落ちにくい

テーマは何でも構いません。お子さんの興味があるものを探ってみてください。**できた作品には発表の場があったほうがいい**でしょう。家のどこか一角を「展示コーナー」にして作品を飾り、家族や人前で褒めてあげることが、お子さんの自信となります。

「考える力」「行動する力」を伸ばす家庭教育のコツ～親子で工作する～

・テーマを設けて作るものを考える。
・親子で一緒に作ることで、信頼関係が生まれる。
・工作のヒントを本で探したり、専門店で新しい材料を見つけて発想する。
・親子でひとつずつ作り、子どもが自分で手を動かして考えられるようにする。
・制作用に自分のお道具箱を作ると、管理することも覚えられる。
・部屋の一角の「展示コーナー」に作品を飾り、子どもに自信をつける。

家庭教育法
4

周りのものを確かめる

身につく力

聞く力
考える力
話す力

身のまわりにあるものや、周りで起こっている現象などについて「確かめる」ことも、家庭でできる学びの機会となります。もちろんそれは遊びのひとつとして、あくまでも楽しみながら行います。

たとえば「音」を確かめてみる方法としては、「当てっこクイズ」があります。空の茶筒やジュースの空き缶などを用意して、そこに何かを入れてみます。豆でもいいし、お米や小石、クリップでもいいので、何か1種類入れてふたをします。何が入ったかは見えないようにして、子どもの前で振ってみてください。「何が入ってるかな？」と聞かれて、子どもは耳を澄《す》ませます。自分で振ってみたりして、あらゆる可能性を考えるでしょう。感覚を研《と》ぎ澄ませる当てっこクイズは、当たったらうれしいし、外れても、「豆って缶に入れるとこんな音がするんだな」と、印象に残る体験となります。

またはは音がしない布の袋に何かを入れて、手を入れて触った感覚で当てっこクイズをするのもおもしろいと思います。**いつもは目で見て判断しているものを、音や触感といった違う感覚だけで集中して感じる機会は、子どもたちにまた新しいインプットをもたらしてくれる**でしょう。

雨の日は、子どもと一緒にその音に聞き入ってみるのもいいと思います。「雨が降っているみたい。どれくらい降ってる?」と始めて、子どもが「たくさん降ってる!」と言うなら、「どうしてわかるの?」と会話をふくらませます。ザーザー、ポツポツ、いろいろな雨の音の表現を子どもから引き出すことができれば、「たくさんだと、どんなふうに降る?」といったやり取りをしてもいいでしょう。そんな会話が、「話す力」にもつながっていきます。

キャンプなど、家族で自然の中へ遊びにいく機会があれば、ぜひそこで聞こえる音を意識してみてください。

山の中で川の流れる音がしたら、「あれは何の音かな？」と、子どもに考えさせてみます。海へ行ったら、波の音なども一度意識して聞くと、貴重な経験になります。風が木々をゆらす音がしたり、鳥の鳴き声がしたり。何かわからないものが動いている音も、「なんだろうね？」と興味を持って聞くと、想像がふくらみます。

川では、笹舟を作って浮かべてみるのもいいでしょう。川で遊んだ経験のない子どもは、笹舟も絵本でしか見たことがないかもしれません。笹舟を作って実際に川に浮かべたら、本当に浮いて、こんなふうに流れていくんだということは、体験して初めてイメージできることです。

都会の中でも、たとえばバス停で「目をつぶってみて」と言って、「バスが来たと思ったら手を挙げて！」というクイズができます。目をつぶって、耳に入ってくる音だけに集中すれば、普段は聞き流していたいろいろな音が聞こえてくるでしょう。車はたくさん走っていますが、バスと乗用車では音が違うということも、新しい発見となります。

動物園で動物の声を聞いてみる、というのもあります。よく、馬は「ヒヒーン」といななくと言いますが、「本当にお馬さんはヒヒーンって言ってる?」などと確かめに行ってみるのです。実際は「ちょっと違うかもしれない」と、子ども独自の聞き方ができれば、意識も変わってきます。動物が実際どんなふうに動くか観察してみるというのもいい経験になるでしょう。

「聞く力」「考える力」「話す力」を伸ばす家庭教育のコツ～周りのものを確かめる～

・音当てクイズや感触のクイズで「聞く力」や集中力を養える。
・自然の音や普段の生活の中で聞こえる音を意識してみる。
・イメージする音と本当の音が合っているか、実際に確かめて体験させる。

家庭教育法
5

生きものを育てる

身につく力

考える力
行動する力

虫でも動物でも植物でも、何か生きているものを自分で育てる経験は、子どもにとってとても大きな刺激となります。

幼稚園などでも生きものを飼ったり、花を育てたりしますが、その生きものが日々刻々と変化していく様子を間近に観察するには、やはり家で自分で責任を持って育ててみるというのがいちばんです。

たとえば、秋に植えた球根が春になると花を咲かせますが、それまでにはさまざまな変化を見ることができます。

種を植えると、まずは芽が出てきますが、置き場所によっては芽が出てもそれから先がなかなか育っていきません。「もうちょっと日当たりがいいところに置いたほうがいいかな？」と、親子で考えながら置き場所を変えたりしているうちに、温《あたた》かくなったら急に伸びてきたりします。

種から植えて、自分で毎日水をあげていると、愛情も出てきて、「どうしたらもっとよく育つか？」と考えるようにもなるでしょう。**日々の変化に気づくと細かい部分が見えてきて、興味も広がります**。

ジャガイモなどを植えてみるのも経験になります。食べるものだとばかり思っていたら、土に植えると芽が出て、花が咲くわけです。「野菜はこんなふうに育つんだ」と、**認識が変わるきっかけ**にもなります。

男の子の中には、虫を育てたがる子も多いでしょう。虫も最近はペットショップで買うのが主流ですが、できれば自然の中へ出かけて自分で捕る経験から始めると、意識がまったく変わってきます。

カブトムシなどはなかなか立派なものを捕まえるのが難しいのですが、朝早くに木の蜜《みつ》を吸いに来るのを探しにいったり、実際に森の中で飛んでいるのを見たりすると、カゴの中に入って売っているものしか知らない子は、「カブトムシって飛ぶんだ！」と初めて知ったりします。「足は何本あるかな？」など、興味を持って観察することもできるでしょう。

自分で捕ると、その虫が自分の手の中にあることがとても貴重だと実感できますが、「お店でまた買えばいいよ」という感覚だと、責任感も生まれません。ただ、実際に目の前で動いているのを見たら、すぐには触れないかもしれません。生きものが本当に「生きている」ことを感じる瞬間です。ぜひ親子で、虫捕りに挑戦してみてください。

生きものを飼う時は、お父さんお母さんも覚悟が必要です。いくら「自分で面倒をみる！」と言っても、やはり子どもですから、おろそかになってしまうこともあるでしょう。一緒に育てる気持ちで、「ちゃんと世話をしないと死んじゃうんだよ」ということも、教えていかなければなりません。

最近は、高層マンションなど、家の中で虫一匹さえ飛んでいない環境で育つ子どもが増えています。生きものに触れる機会はただでさえ少なくなっているので、積極的に自然の中へ遊びに行ったり、ペットショップ、動物園などへ行く時間を作ってあげてください。

以前、ある小学校の受験の面接で、お母さんに「ダンゴ虫は触れますか？」という質問がされたことがあります。「はい」か「いいえ」で合否は決まらないと思いますが、親の姿勢が問われるところは大きいと思います。虫嫌いな方も、お子さんにそれを刷り込むことがないようにできるといいと思います。

「考える力」「行動する力」を伸ばす家庭教育のコツ～生きものを育てる～

・育てる中で、生きものが日々変化する様子を知り、考えるきっかけとなる。
・食べものの大切さがわかる。
・自分で捕まえると、生きものが「生きている」ことがより実感できる。
・世話は親子で一緒に。世話をしないと死んでしまうことを理解させる。
・都会で生きものに触れる機会が少ない子どもほど、自然に連れ出す機会を。

家庭教育法
6

トランプ遊びをする

身につく力

見る力
考える力
行動する力

今は子どものおもちゃも本当に多種多様になってきましたが、昔からあるトランプは、シンプルながらさまざまな遊び方があり、学べることも多いのでおすすめです。

使うカードは、キャラクターの絵が全面を占めているようなものではなく、ハートの5ならハートが5個並んで描かれているようなシンプルなものを選ぶと、数字を知らない子どもにはわかりやすいでしょう。

小さいうちは、すべてのカードを使わなくてもいいのです。1と2と3のカードだけを使えば、3歳の子でも、「神経衰弱」を楽しむことができます。数字がわからなくても、見た目からどれとどれが同じ数かがわかるからです。「ババぬき」も、カードの違いを覚える段階ではやりやすいと思います。

子どもたちは遊びの中でカードの「違い」を見分け、「数」の多い少ないを理解し、ルールを持った遊びができるようになっていきます。

くり返し目で見る画像としての記憶は、無意識ながらもしっかりと記憶に残っています。幼児期には無理に数を教える必要はありませんが、トランプで遊んだ経験のある子どもなら、小学校へ上がった後も脳裏に残る数字の画像から、数字の勉強にもスムーズに入っていけるでしょう。

教室でも、休み時間によく子どもたちと「7並べ」をして遊んだりします。トランプのカードに描かれている記号の数量を見ながら並べていくと、「同じ量」「これより多い」「少ない」がわかってきます。

年長さんくらいになったら、ちょっと複雑なルールのゲームもできるようになってきます。トランプは最初、両手でカードを扱うのがけっこう難しいのですが、リズムよくカードの受け渡しをすることで、**手先を使う練習**にもなります。

こんなゲームもあります。全員にすべてのカードを裏返しのまま同じ数だけ配り、裏返しのまま各自の前に積んでおきます。「1、2の3」で全員一緒に、自分のカードの山から1枚を表にして出します。その数が強い人が勝ち。出されたカードをすべてもらえます。

カードは、A、K、Q、J、10、9、8……という順に強く、とったカードは手元のカードの山が少なくなってきた時に一緒にして、よく切り、また山にします。すべてのカードがなくなった人が出た時点で、いちばんカードの多い人が勝ちです。

このゲームでは、人数分出されたカードの中でどれがいちばん強いのか、一瞬のうちに判断するので、頭をフル回転させます。数の意識も高まるゲームです。

また、**トランプゲームは「負ける」ことも受け入れられないと遊べません**。ひとりっ子で、今まで負ける経験をしたことがないというお子さんなどは、そういう経験から成長する部分はとても大きいと思います。

「見る力」「考える力」「行動する力」を伸ばす家庭教育のコツ～トランプ遊びをする～

・トランプは数の分だけマークが描かれているカードを使うとわかりやすい。

・1、2、3のみ、などに限定すれば、3歳からでも遊べる。

・数の意識やルールを学べる。

・手先をすばやく使う練習になる。

・「負ける」経験が成長のきっかけになることも。

家庭教育法
7

お誕生日パーティーを企画する

身につく力

考える力　話す力
行動する力

5歳〜6歳くらいになれば、自宅にお友だちを呼んでお誕生日パーティーを開くというのも、とてもいい経験になります。

もちろん、そこでお母さんが全部段取りをして、みんなでごはんを食べてただ遊ぶというだけでは、何も生まれません。「今度のお誕生日に、みんなを呼んでパーティーを開かない？」と、**企画の段階からお子さんと一緒に話し合って決めていくプロセスが大切**です。

まずは日にちの設定からです。必ずしもお誕生日当日にできるわけではないので、どの日だったら都合がいいか、「みんなが来られるのはいつだろう？」と、お子さん自身でも自主的に考えてもらいます。

何日、何時に、誰を呼ぶか。必要なことを親子で一緒に話し合って決めたら、「みんなに招待状を書こう！」と提案してみてもいいでしょう。まだ文字を書くのが難しければ、お母さんが日時を入れて、お子さんにはお友だちが喜んでくれそうな絵を描き込んでもらって作ります。

当日のことも決めていきます。どんな献立にするか、「喜んでもらえそうなメニューは？」と考えたり、「みんなで何をする？」ということも考えます。自由に遊ぶのもいいですが、「せっかくみんなが集まるから、こういう遊びをしようか？」と、ひとつくらい企画を考えておくのもおもしろいと思います。

トランプ遊びでも、ごっこ遊びでもいいですが、「みんなで宝探しをしよう！」という提案もいいのではないでしょうか。来てくれたみんなにお礼のお土産をあげる意味もあります。部屋のいろんなところに宝物を隠して、探し出してもらう宝探しゲームです。

宝物は何がいいかも親子で考えて、それぞれ内容を変えて人数分用意します。子どもの手で「ありがとうメダル」を手作りしたり、「今日は来てくれてありがとう」というお手紙を書いて、宝物に入れるのもいいと思います。

普段子どもたちは幼稚園などでも、決まり切った遊びを、決まり切ったやり方で、同じお友だちとしている、ということがよくあります。自分のお誕生日パーティーのために新しく考える遊びの企画は、**さまざまな学びの要素とともに、思い出にも残る**ものとなります。

そして、お誕生日パーティーは自分が主役です。しかも自宅に呼んでやるわけですから、まさにホームグラウンド。**普段は消極的な子にも、少し積極的になってもらうチャンス**です。

パーティー当日は、用意も一緒にして、お友だちを待ちます。企画したゲームなどについても、「自分で説明しようね」と、お子さん自身で考えて、お話ができるように後押ししてあげてください。

年に一度しかないお誕生日を、どんなふうにプロデュースするか。貴重なイベントだけに、子ども自身も力が入ります。「お友だちに喜んでほしい」という気持ちから練る企画ですから、いつもよりしっかりと、主体的に考えていくことができるでしょう。たった一日ですが、きっとお子さんにとっては大きく成長できる一日になると思います。

「考える力」「話す力」「行動する力」を伸ばす家庭教育のコツ

～お誕生日パーティーを企画する～

・パーティーの企画の段階から、親子で一緒に考え用意するプロセスが大切。
・親子で一緒に「招待状」を作ってみる。
・お友だちに喜ばれる献立、一緒にやりたい遊びを考えてみる。
・ゲームの説明も子ども自身で話せるようにする。
・「ありがとうメダル」や、お礼の手紙なども作って用意しておく。
・自分が主役のお誕生日パーティーは、積極的に行動するチャンス。

家庭教育法 8

お手伝いをさせる

身につく力

見る力　聞く力

行動する力

おままごとなどもそうですが、子どもたちは大人のすることをまねして遊ぶのが大好きです。大人がやることは何でもやってみたいという好奇心から、まねごとをする中で成長していくのです。

3歳くらいになれば、お手伝いができることも増えてきます。ただし「お手伝いをさせる」というのは、**最初から本当に手伝ってもらえることを期待するものではありません**。本当は少しジャマになるくらいのこともありますが、それでも「やってみたい！」と子どもが言ってきた時には、成長するチャンスととらえて、ぜひお手伝いをさせてあげてください。

お手伝いしてもらう時は、「お母さんと同じようにやってみて」というやり方から学べることが多いと思います。たとえば「じゃあ、同じようにお皿を並べられる？」と言って、大きいお皿と小さいお皿をそれぞれのいすの前に左右1枚ずつ並べます。子どもはそれを見て、自分も並べてみます。

そこで、お母さんのお手本と自分の並べたものがちゃんと同じかどうか、「見比べる」ことができるわけです。「同じ」と「違う」がわかるようになってくると、「右」と「左」などもわかってきます。

「お茶碗とお箸の用意もしようね」と、行動する前にちゃんと言葉で伝えるようにすると、**耳で聞いた指示を行動に移せる力**もついてきます。

「これと同じお皿はどこにある？」「わかった、あそこだ！　食器棚のいちばん右だね」「左から2番目の後ろのほうにあるから、取ってきてくれる？」など、使う食器のある場所を探したり、しまうのを手伝ってもらう時にも、言葉をかけることが重要です。そこから右や左などと一緒に、「何番目」「前と後ろ」などについても知ることになります。

お手伝いは、生活の中で「右、左」「何番目」「前と後ろ」などを自然と理解し、「手順」も意識できるようになるいい機会です。

洗濯ものをたたむお手伝いもできると思います。小さいうちは小さいハンカチ、大きくなってきたら大きなバスタオルを。「こんなふうにたたんでみてね」と、たたみ方を見せて一緒に挑戦します。どっちを手前にしてたたむのか、縦折りか横折りか、「こうやるのよ」とは教えずに、子どもが自分で見比べながらできるようにするといいです。

男の子と女の子で興味の持ち方は違ってくると思いますが、簡単なものでは「靴をそろえる」とか「新聞をとってくる」というのも、立派なお手伝いです。男の子もちょっと挑戦的に、「包丁で野菜を切る」なんていうことをやりたがったりします。もちろん危険のないように注意しながら、できるだけやらせてあげてください。

お手伝いをしてもらったら、**「手伝ってもらえて、本当に助かったよ」という気持ちを子どもに伝えます**。そこから、**自分も家族の一員だという自覚**や、「お母さんの役にたった」「お父さんが喜んでくれた」という**うれしさ、認められたという自信**につながっていきます。

年中さんくらいになったら、相談してお手伝いを決め、「人が喜ぶことをしてあげる」という気持ちを、さらに育てていくとよいでしょう。

「見る力」「聞く力」「行動する力」を伸ばす家庭教育のコツ〜お手伝いをさせる〜

・少し手間がかかっても、お手伝いの機会を作ってあげることを心がける。
・「同じようにやってみて」で、「同じ」と「違う」を見比べさせる。
・食卓の用意から、「右左」「何番目」「手順」などが意識できるようになる。
・やり方を教えるのではなく、見て学ばせる。
・「手伝ってくれて助かった！」という気持ちを子どもに伝え、自信をつける。
・担当のお手伝いも作り、「人が喜ぶことをする」という気持ちを育てる。

家庭教育法
9

お買いものをする

身につく力

話す力
行動する力

社会の中で、人とコミュニケーションをとる力を育てていくのに、「お買いものをする」のはうってつけです。

「今日の夜は一緒にカレーライスを作って、お父さんに食べさせてあげよう」と目的が決まって、買う食材が決まったら、「どのお店に行けば買えるかな?」ということになります。お買いものには、プロセスもさまざま。**社会のしくみが学べる要素**がたくさんつまっています。

食材だったら、最近は総合的にものが買えるスーパーが主流になっていますが、そのスーパーでもそれぞれのコーナーから目的のものを探し出す必要があります。子どもが「自分で探さなければ」という気持ちでいれば、いつもは目に入っていなかったものも見えてくるでしょう。商店街へ行って、一軒一軒違うお店を見て回る機会があれば、さらに学ぶことも多いと思います。

お店の中で売りものはどんなふうに陳列されているのか、今まではお菓子やおもちゃなど、自分の興味があるものしか見えていなかった子は、「お肉にはこんなに種類があるんだな」と知ったり、「ダイコンは半分に切れたものがあるけど、ニンジンはないな」などと思うかもしれません。

お店の人に話しかけるのも、子どもには勇気がいることです。ちゃんと相手に伝わるように、思い切って大きな声が出せるか、ということもあります。それは「話す力」に通じていきます。

まず最初は、お店の人に「こんにちは」と、あいさつをするところからです。知らない人に言うわけですから、やっぱりハードルは高いのですが、それが買いものの中でできれば、他のところでもできるようになります。

よく、子どもが自分からあいさつできずにいると、「ごあいさつは！」と急かしたり、怒ったりしてしまうお母さんがいますが、**「ごあいさつは！」が口癖の**

ようになってしまうと、まるでそれが号令のように、そう言われないとあいさつができない子どもになってしまうことがあります。

教室に通われていた方の中に、こんな素敵なお母さんがいました。

お嬢さんは男性の先生が苦手で、女性の先生にはあいさつができるのに、男性の先生だとお母さんの後ろに隠れてしまいます。それでもお母さんは、いつも自分だけにこやかに「先生、さようなら」とあいさつをして帰られるのです。

しかしある日、男性の先生の前でいつものように後ろに隠れていたその子に、お母さんは「お声が小さくて、先生に聞こえませんよ」と声をかけたのです。すると、とうとうその子は顔だけ出して、「さようなら」と言えたのでした。無理強いせずに、毎日お手本だけを見せて、慣れた頃にそっときっかけを与えたわけです。お母さんはぜひそんな気持ちの余裕をもって、お買いものにも挑戦させてあげてください。

あいさつを交わすだけでなく、買うものやお金の受け渡しなど、お店の人とのやり取りの中では、「行動する力」が養われていきます。

買いものは、自分が何かをリクエストしたら、それに対して相手が応えてくれた、という体験になります。それは、自分自身で他人とつながることができた、という手ごたえとして感じられるでしょう。子どもにとっては大きな一歩となり、自信にもつながっていきます。

「話す力」「行動する力」を伸ばす家庭教育のコツ～お買いものをする～

・目的にあわせて買うものを決める。
・お買いもののプロセスから、社会のしくみを学ぶ。
・「スーパーではどのコーナーにある？　商店街なら？」と考えて行動する。
・目当ての商品を自分で探すことが、店内をくまなく観察するきっかけに。
・お店の人にあいさつし、伝わるように言うことが、「話す力」に通じる。
・ものやお金の受け渡しなどからも、「行動する力」が養われる。
・お店の人とやり取りができたという手ごたえが、自信につながる。

家庭教育法
10

年中行事を実践する

身につく力

聞く力　話す力　考える力

幼い子どもたちは、時間の流れや季節の移り変わりに対して、まだどうしてもイメージが弱いところがあります。そこを刺激するひとつの方法として、日常生活のアクセントに「年中行事」を取り入れてみるというのは、ぜひおすすめしたいことです。

春の「雛祭《ひなまつ》り」なども、確かに今は7段飾りのお雛さまを飾るような家は少なくなったようですが、そこまでしなくても、3月3日に「お雛さまを飾ったな」「雛あられを食べたな」ということが、年に一度の思い出として子どもたちの中に残ることになります。

また行事には、それぞれに込められた「願い」というものがあります。雛祭りにしても、本来は女児の健《すこ》やかな成長を祈るためのお祭りです。そこには、親から子へ、親の親から、そのまたずっと昔から、連綿《れんめん》と続いている願いや思いが受け継がれているのです。子どもの記憶に残るような、印象的な思い出になるよう〝演出〟してあげてください。

年中行事を意識して取り入れ、そこに込められた願いや思いを知るということは、**生活の中にある一つひとつのものごとに意味があることを考える機会となり、親と子のコミュニケーションのきっかけ**にもなります。

お正月なら、「お節料理」なども話題が豊富です。「このお重《じゅう》の中にあるお料理には、一つひとつ、ぜんぶに、意味が込められているんだよ」と聞けば、子どもは興味を持つでしょう。「じゃあ、なんでここにエビが入っているの？」と言えば、「こんなふうに、エビみたいに背中が曲がるまで、おじいちゃんおばあちゃんになるまで元気でいられるようにっていうことなんだよ」と、わかりやすい表現で話してあげるといいでしょう。

黒豆だったら、「マメに働くってことだね。マメにっていうのは、一生懸命にっていうことなんだよ」。数の子だったら、「この黄色いのは全部、お魚の卵なんだよ。だから、この卵が全部かえったら、ここからいっぱい子どもができるってことだよね。子どもがいっぱいいたら……楽しいでしょう?」などというお話をしてあげましょう。そうすると、「あ、数の子食べたね!」ということも、だいぶ印象が違ってくると思います。

「鏡餅《かがみもち》」なども話題のひとつになります。鏡餅の上には〝だいだい〟を載せますが、そこにはやっぱりちゃんと、意味があるのです。そこでまた「これは何だと思う?」と、親子の会話をしてみてください。「みかん!」という答えが出てきたら、「うちの鏡餅にはみかんが載っているけど、本当はここに『だいだい』っていう種類のみかんを載せるんだよ。これには『だいだい(代々)伝わる』って意味があるの。『代々』っていうのは、お父さんお母さんから子どもが生まれて、その子どもがお父さんお母さんになったらまた子どもが生まれて……って、ずっと続いていきますように、ということだね」。

仲芽会の教室でも、「みかんよりメロンのほうがいいんじゃない⁉」などと先生がわざと言ったりします。**「考える力」を養うためには、「こうだよ」じゃなく、「どうしてなんだろうね？」と、問いかけをすることが大切**です。

すると子どもたちは、「それはおかしい！」と反応してきます。そこで「どうしておかしいの？」と、考えさせることがねらいです。考える時間はとても貴重です。ぜひ家庭でも、行事を通して「考える力」を育む時間を作ってあげてください。なお、巻末に「年中行事」を入れさせていただきました。ご家庭で取り入れるときの参考になさってください。

「聞く力」「考える力」「話す力」を伸ばす家庭教育のコツ～年中行事を実践する～

・年中行事で時間や季節の移り変わりを感じる。
・それぞれの行事に込められた意味を知れば、日常生活への考えも深まる。
・親と子のコミュニケーションのきっかけにもなる。
・「意味」を知ると、物事の印象も変わる。
・「どうしてなんだろう？」を、子どもに考えさせる時間はとても貴重。

第6章

自分の人生を切り拓く原動力を育てるために

「しつけ」は1歳からできる

以前、あるお母さんの発言に驚いたことがあります。

「叱《しか》ったりしたら、子どもに嫌われてしまいます」

その方は、なんと今まで一度も家庭で子どもを叱ったことがないと言うのです。これは極端な例ですが、最近はそんなふうに**「子どもの叱り方がわからない」というお父さんお母さんが増えてきた**ようです。

おじいちゃんおばあちゃんが「孫に嫌われたくない」と言うのはわかります。たまに会うかわいい孫ですから、いい顔をして笑顔を見ていたいものです。しかし親までがそれに便乗するようなスタンスで子どもに接していれば、**いったい誰がその子を正しい方向へ導いてあげることができるでしょうか**。

叱らないほうが、親は楽だと思います。**叱ることには体力がいります**。なぜなら、叱るためには、子どもにその行動が「いけない」ということをしっかりと伝えなければならないからです。

確かに、泣いておもちゃをねだられる前に、そのおもちゃを与えてしまえば時間もとられません。子どもが何かいたずらをしても、迷惑をかけた相手に、ちょっと謝《あやま》ればすむかもしれません……。ただ、もしもそんなふうにして幼児期が過ぎれば、小学生以降の軌道修正は大変なことになってくると思います。

子どもには、きちんと叱らなければならない時があります。もちろん何度もお話ししてきたように、あれもダメこれもダメと何でも頭ごなしに子どもの行動を制限するのは、いいことではありません。それはせっかくの子どもの芽をつんでしまうことにもつながります。

気をつけるべきは、「しつけ」です。**しつけというのは、子どもが失敗してしまったことをとがめるのとは違います**。たとえば子どもが何かを運ぼうとした時に、落として壊してしまうことがあるかもしれません。子どもですから、失敗することはたくさんあるでしょう。でもそれは叱ることではなく、むしろ親としては、子どもが次に成功できるようにうまく励ましていくべきことです。

親がしつけとして正していかなければならないのは、たとえば「安全面」や「衛生面」についてのことです。これは、子どもの身を守るための約束ごとです。子どもには、**「なぜだめなのか」**ということまでしっかりと伝えて、自分の身は自分で守れるよう、意識を持たせる必要があります。

また、社会に出て人と関わった時に、**「人を傷つける」ことはあってはならないことです**。これは理屈ではなく叱るべきことでしょう。

もしかすると思いがけないことで、誰かを傷つけてしまうこともあるかもしれません。でもその時は、それに対して謝ることができます。たとえ故意ではなくても、相手に申し訳なく思う気持ちをちゃんと意思表示することが大事だということを伝えてあげてください。

しつけは1歳からできます。自分で動くようになり、ようやく歩けるようになるくらいの時期、だいたい1歳から1歳3ヵ月頃には、おもちゃなどのお片づけや「これは触っちゃいけません」といった約束ごともできるようになってきます。

ただし子どもを叱る時、感情にまかせてしまっては何も伝わりません。なぜ今怒っているのかをちゃんと説明して、心を込めて叱ってあげてください。子ども自身を深く傷つけてしまうようなことまで言う必要はありません。あくまでもその子の性格や、その時の状況を見て、最善の叱り方を考えてあげてください。

子どもを伸ばす上手な褒《ほ》め方は？

しつけなければいけない部分はありますが、**幼児教育の基本は「褒めて伸ばす」こと**です。子どもたちをどう褒めてあげれば、ものごとに対してまたさらに意欲的に取り組んでいけるのか。そこにもコツがあります。

何でもかんでも、褒めればいいというものではありません。親が「おだてる」ということにも、意外と子どもは敏感なのです。

「お母さんは、私にこれをやらせたいから褒めているんだ」と思われてしまったら、かえって逆効果です。**褒める時はできるだけ具体的に、「何がよかったの**

か」ということを伝えてあげてください。

車を作ったのなら、「ここのタイヤのつけ方がいいね」「ここの窓、すごくよくできてる！」といった具体性があるほうが、子どもにとってもわかりやすく、褒められた喜びは倍増します。

単に結果を褒めるのではなく、本人が途中でどれだけ努力してがんばったかというプ**ロセスの部分をちゃんと褒めてあげることも大切**です。描いた絵に対しても、「この色はとてもいいね。ずいぶん考えて描いたんだね」とか、「難しいのに、がんばって最後まで描けたんだね」と、本人の努力を称《たた》える言い方のほうが、本当に認められたと感じられるのです。

「上手だね」というふうに評価したり、「いい子だね」などと性格を褒めるのは、残念ながら子どもの意欲を伸ばすうえではあまり意味がありません。「あなたは、本当はできる子なのよ」とか、「あなたはがんばる子よ」と言ったりするのも、褒めているつもりかもしれませんが、評価でしかありません。

そのように評価すれば、子どもは逃げてしまいます。それで有頂天になるような子は本当に稀《まれ》で、ほとんどの子にはプレッシャーにしかならないのです。

また、仲芽会の教室などで集団の中にいると、「なんであの子は褒められているんだろう？」という意識から、「自分も褒められたい！」という気持ちが刺激されます。子どもは3歳くらいからだんだんと周りとの関係がわかってきますが、そこで「褒められること」＝「いいこと」という価値観もだんだんとできてくるのです。

そういう意味で、**「第三者の言葉」のほうが力を発揮する**ことがあります。お母さんが直接褒めるよりも、たとえば「お父さんがすごく褒めてたよ」「教室の先生から、今日はお友だちを助けてあげたって聞いたよ！　すごく褒めてたよ！やさしかったね」と間接的に言うほうが、褒める人がその分増えるということもありますし、「そんなふうに思ってくれてたんだなぁ」と、次へのステップへ進む意欲にもつながります。

もしもお子さんのお行儀が悪かったら、直接「お行儀が悪かったでしょう」と叱るよりも、「みんなお行儀よくできてたね。お友だちの○○ちゃんは特にお行儀がよくて、びっくりしちゃった！」と他の子を褒めたほうが、素直に「私もちゃんとしなくちゃ」となったりします。直接叱られるのは嫌がっても、そうやって他の人が褒められているのを聞けば、自然と「自分も」という気持ちになってくれるのです。

褒められるのも注意されるのも、やはり人との関わりの中で活きてくることです。そして子どもにとって家族は、社会の荒波へ出ていく時の唯一の味方です。お子さんが自信をもってその荒波を乗り越えていけるよう、お父さんお母さんはぜひその力と努力を認めて、たくさん褒めてあげてください。

「なんであの子は……」と比べてしまう親たち

「競争社会」と言われる昨今、とかく「なんであの子はできるのに、うちの子は……」と比較しがちです。

もちろん親は子どもの幸せを考えて、将来のために一歩でも前に出たいと考えるのでしょう。しかしその期待が過ぎると、子どもにはプレッシャーを与えるだけで、のびのびとした発想や個性は伸びていきません。メンタル面を育てるという意味でも、けっしていい方向にはいかないと思います。

特に集団の中にいると、周りの子どもたちと比べてしまいがちです。しかし、できる子もいれば幼い子もいる、それが集団であり、社会です。**さまざまなタイプの子がいるからこそ、その子も成長することができる**のです。

社会では、必ずしも前に出ることがいいのではなく、「人の立場がわかる」ことが大事だったり、「努力する」ことに意味があったりします。また「人を認められる」ということはとても大切です。

受験をするしないに関係なく、子どもが育っていく環境の中で、**親が必要以上に競争心を持つと、子どもにも心の余裕がなくなり、思いやりの気持ちや、人に対するやさしさがなかなか育っていかない**ことがあります。それは、名門小学校で求められるものとも、まったく相反するものです。

おっとりした性格の子もいるでしょう。少なくとも子どもは、何をするにも大人より時間がかかりますから、それを待つ親はイライラしてしまうこともあるかもしれません。でも子どもには時間の概念があまりありませんし、自分が遅いとは思っていないこともあります。

それをどう気づかせるかは、やはり親の接し方にかかっています。過保護にするのではなく、しつけや思いやりの心を育てる部分にこそ、じっくり時間をかけて、大切に育てていただきたいと思います。

お父さんが子育てに参加する時代

伸芽会では約半世紀にわたってさまざまなご家庭を見てきましたが、最近はお父さん方がすごく熱心になってきたのを感じます。

昔はどちらかというとお父さんは仕事が忙しくて、子育てはお母さんに任せるという家庭が多かったのに対して、今では世の中の意識もだいぶ変わってきました。教室に通う方の中には、「子どもと過ごす時間が少ないから、転職しました」というお父さんもいたほどです。

お母さん方が協力を必要とするようになった、ということもあるでしょうが、おそらく、携帯電話の動画などでも「今日、歩いたよ！」などということがすぐに送られて、子どもの成長している姿がお父さんにも身近に感じられるようになったことなども大きいと思います。

お父さんも子育てに参加して家族をしっかりと支え、存在感があるような家庭は、事実、お子さんの安定感にも表れます。

お父さんは、まさに家庭の「交通整理役」とも言える存在です。お母さんは子どもに接する時間が長い分、子どものできていない部分が見えやすく、子育てにまつわるさまざまな情報や、飛び交うウワサなどに惑《まど》わされがちです。そんな時はお父さんが少し客観的に、間違った情報やウワサに翻弄《ほんろう》されることがないよう、大切な情報、必要のない情報をきちんと整理して不安を払拭《ふっしょく》してあげてください。

毎日仕事で忙しくしているお父さんは、子どもと接する時間も少なくなってしまうでしょうが、**大切なのは「量」より「質」**です。会える時間は少なくても、頼りになるのはお父さんなのです。

時にはお子さんとお父さんの2人で、外へ出かけてみるのもいいのではないでしょうか。ボール投げやなわとび、鉄棒など、お父さんがお手本を見せながら、子どもの挑戦をサポートします。子どもにとってはひとつの経験になるとともに、「やっぱりお父さんはすごいな」と、お父さんの存在感や強さを示すいい機会でもあります。

また、夏休みなどには、子どもと社会をつなぐパイプとして、お父さんの勤め先まで見にいく機会を作ってもいいかもしれません。

毎年、5月から6月にかけては、受験が行われる小学校の公開行事や、学校説明会が多く行われます。小学校受験を考えているご家庭は、ぜひ一度、ご両親で参加してみてください。学校の教育方針を直接聞き、先生や在校生の雰囲気を実際に見てどう感じたか、お父さんから見た視点も交えてご両親で話し合えば、子どもの将来について家族での考えがより固まって、心強いものとなるでしょう。

人と違うことを恐れない子どもに

「子どもの個性を伸ばしたい」。よく聞く言葉ですが、その一方で、**知らず知らずのうちに人と違うことを不安に思い、人と同じことしかできない子ども**がいます。

伸芽会の教室でもそうですが、幼稚園や保育園などでも、集団の中で生活していれば、もちろん社会の規律を守らなければいけない部分があります。それは、社会性を身につけるという意味ではとても効果的なのですが、自然と「人と同じことをすること」＝「いいこと」という習慣がついてくることでもあります。

それが誤った方向へ行き過ぎると、問題が起きてくるのです。

「お外で遊んだ後、みんなが手を洗う時は自分も手を洗う」「みんなで先生のお話を聞く時は、自分も静かに聞く」などということは、みんなで一緒に過ごしていく中では大事なことです。ただそこで、自分が考えることや、自分がみんなの前で話すことまで、**人と違うと「間違い」だと思ってしまう**場合があります。

それにはお父さんお母さんの言葉がけも関係してきます。絵を描く時など、「おサルさんだったら、もっとしっぽが長いでしょう」「タコさんは赤いほうがいいんじゃない？」なんて声をかけてしまったら、せっかくの子どもたちの発想がそこで終わってしまいます。

コロコロとしたしっぽの短いサルもいるかもしれませんし、タコは海の中にいる時は赤くありません。それに、もしかすると海の底には七色に光っているタコがいるのかもしれません。

女の子といえば髪の長い、スカートをはいた女の子を描いて安心してしまっていると、子どもならではの発想がどんどん影をひそめてしまいます。子どもが本当はどんなものが好きで、どんなものが描きたいのかを、お父さんお母さんはうまく引き出してあげてほしいと思います。

「みんなでウサギさんになってみよう！」と言って遊ぶ時にも、みんなが耳をつけてピョンピョン、じゃなくてていいのです。たとえば、座ってポリポリとニンジンを食べているところでもいいわけです。

絵を描くことでも考えることでも、行動することでも、「人と同じことが正しい」というだけでなく、「ここは自分の言葉で話せるように」と求められることも、小学校受験だけでなく、これから将来にかけてたくさん出てくる場面です。

隣の子がやるままに、いつも**まねで終わってしまう子どもは、周りが何もしなければ自分も何もできない**人間になってしまいます。**社会で求められるのは、「自分で考えて行動を起こせる人」**です。

その子らしさがどれくらい出てくるかということは、**自分を安心して出せる環境にあるかどうか**に関係します。まずはいちばん身近にいるお父さんお母さんがちゃんと認めてあげることが、子どもの自信につながり、個性を伸ばしていく第一歩なのです。

親にも必要とされる「想像力」

最後に声を大にして言いたいのは、**「効率」は子どもの成長をはばむ基《もと》にもなる**ということです。

「子育てを効率的にやりたい」と思ってしまう大人の気持ちは、子どもの芽をつむことにもなりかねません。

特に小学校受験を考えているご両親は、合格を勝ち取るために焦りがちです。「うちの子はうまく絵が描けないのですが、志望校では絵の課題が毎年必ず出るので、その部分を強化してください」と言われたりします。でもそれは、大人の都合でしかありません。さまざまな体験を総合的に学んでこそ、得られるものがあるのです。

もちろん伸芽会でも限られた時間でカリキュラムをこなすわけですが、それは効率的に教育をするのとは違います。

たとえば大好きなカブトムシを、いつまでもジーッと見ている時間。子どもは頭の中で夢想するうちに、いろいろなものが心に生まれているのです。効率を考えてしまえば、そういった大事な時間もとれません。「子どもの心を豊かに」というのとは正反対になります。

朝も時間がないからと、園の用意もお母さんが全部してあげてしまう。子どものお誕生日パーティーを開いても、大人のほうで段取りしてしまう。

それでパーティーはうまくいくかもしれませんが、結局子どもには何も残りません。

最近のお父さんお母さんには、どこか**「ムダなことはしたくない」という風潮**があります。でも、「頭のいい子にするにはどうしたらいいですか?」「受験のために何をしたらいいですか?」の前に、**まずはきちんと子どもと向き合えているか**、ちょっと立ち止まって考えてみてください。

「こんな子どもにしたい」という目標を持つことは、必ずしも悪いことではありません。

ただし、子どももひとりの人間です。その子がどう感じ、どう思っているんだろうということを、親は子どもに寄り添って、くみ取ってあげるべきでしょう。**親にも「想像力」が必要**なのです。

世間ではマニュアルに頼る方が増えています。核家族でおじいちゃんおばあちゃんに教わることが減っていることも、原因となっているのかもしれません。「テレビに出ているあの人が言っていたから」と、ひとつの教育法を鵜呑《うの》みにしてしまうご両親も増えているようです。

でも、やっぱり**子育ては、それぞれに違っていていい**のではないでしょうか。価値観や感性、大事にするものは各家庭で違うと思います。子どもたちはあらゆるものを家庭の中で受け継ぎ、その子なりの個性を形成していくのです。

子どもの未来のために、今、何がしてあげられるのか。どういうものを残してあげられるのか。そう考えた時、まず**家庭でできることは、すべての可能性の土**

台作りです。

子どもたちがその目の輝きを失うことなく、充実した人生を送っていくために、幼児期のこの大切な時間はとにかく子どもをよく見て、力いっぱい受けとめてあげてください。

おわりに――すべての子どもが持っている〝伸びる力〟

人それぞれに、大切に思うことが違い、さまざまな価値観が存在する現代。ひと口に「幸せな人生」がどんなものかを言いきることはできません。しかし親である以上は、子どもたちに与えるべき教育は最大限に与えて、人生の選択肢を広げてあげたいものです。

「今できることは何でもしてあげたい」という思いが生まれるのも、親として当然のことだと思います。しかし、実際に子育てのために必要な情報を手に入れ、誤った情報に惑《まど》わされることなく、わが子を正しい方向へ導いていくのは、簡単なことではありません。

そんなお父さんお母さんのために、本書は就学前の家庭教育について、なくてはならない大切なことを中心にお話をさせていただきました。

最近は小学校受験のためのテクニックを紹介する対策本もさまざま出版されていますが、その前段階として、なくてはならないベースの部分があります。それが今回、本書で述べた家庭教育なのです。

しかし、伸芽会独自の教育方針や具体的な受験対策については、本書でお伝えしきれなかったところもあります。と言うのも、子どもは一人ひとりに適した教育方法があり、それを見つけその個性を伸ばすのが伸芽会の役目だからです。

子どもたちの大切な「芽」を見つけ、一人ひとりの可能性を伸ばすためのお手伝いを、伸芽会ではこれからも続けたいと思います。

本書の伸芽会式教育法をより多くのお父さんお母さん方にご活用いただき、自分の力で力強く人生を歩んでいく子どもたちが増えていくことを祈っております。

◎巻末付録

親子で体験する年中行事&季節の風物

古くから続くさまざまな風習に込められた一つひとつの意味を知ったり、その季節ならではの風物に触れることは、子どもを伸ばす大きな原動力のひとつになります。親子でぜひ一緒に、実践してみてください。

1月の行事「お正月」

お節料理の一品一品に込められた意味や、正月飾りについて、親子で一緒に思いを馳《は》せる経験は貴重です。気持ちも新たに、一年の始まりを迎えましょう。

・飾り…鏡餅《かがみもち》、門松
・食べもの…お節料理
・遊び…カルタ、コマ回し、羽根つき

2月の行事「節分」

もともとは春夏秋冬すべての季節の分かれ目を「節分」と言いました。その中で現在、豆まきの風習が残っているのが「立春」です。健康の大切さを再確認できる行事でもあります。

・飾り…柊《ひいらぎ》の葉、イワシの飾り
・食べもの…年の数だけ豆を食べる。
・風習…豆まき

4月の風物「お花見」

だんだんと暖かくなってきて、外にも出やすくなってくる頃です。ぜひ、春を感じる花を探して、親子で自然に触れる機会を持ちましょう。

・季節の草花…桜、タンポポ
・季節を感じるもの…街行く人の洋服の移り変わり。庭や街路樹の変化。
・体験…ピクニック。外でお弁当を食べる。

3月の行事「雛祭《ひなまつ》り」

必ずしも大きな7段飾りがいいわけではありません。きれいな着物を着たお雛さまを飾ること自体が、女の子にとって印象に残る体験となります。

・飾り…お雛さま、ぼんぼり、ひし餅、桃の花
・食べもの…雛あられ、桜餅、ひし餅

5月の行事「端午《たんご》の節句」

5月5日は、「こどもの日」として、国民の祝日にもなっています。お子さんの成長を願うご両親の思いがこもっていることも、この機会に伝えてあげてください。

・飾り…こいのぼり、かぶと、菖蒲《しょうぶ》
・食べもの…柏餅、ちまき
・風習…菖蒲湯

6月の風物「梅雨」

この時期の雨は、季節が感じられるひとつの風物詩と言えるでしょう。梅雨ならではのものに注目すれば、それもまたお子さんの記憶に残る体験となります。

・季節の草花&生きもの…あじさい、カタツムリ
・体験…季節の移り変わりを感じる。傘やレインコート、長靴などの雨具の扱いを覚える。

7月の行事「七夕」

七夕にまつわるお話を聞いて夜空の星を見上げれば、また感じ方も変わってくるでしょう。お願いごとをかなえるために、目標を持ついい機会にもなります。

・飾り…笹飾り
・風習…お願いごとを書いて笹に飾る。
・体験…織姫と彦星にまつわる話を親子で読む。

8月の風物「夏休み」

長い夏休みには、親子で体験できることがたくさんあります。特に、夏ならではの遊びは積極的に取り入れましょう。身の回りにある季節のものを探してみるのもいいですね。

・季節の草花&生きもの…ひまわり、カブトムシ
・季節を感じるもの…蚊取り線香、風鈴、扇風機
・遊び…海水浴、プール、キャンプ

9月の行事「お月見」

夏から秋へ移り変わり、虫の音を聞いたり、長袖やジャケットなど、着るものの変化も感じられる時期です。すすきを飾って収穫への感謝を表す「お月見」から学ぶことも多いでしょう。

・季節の草花&生きもの…すすき、鈴虫
・食べもの…月見団子
・季節を感じるもの…着る服に変化が出てくる。

10月の風物「紅葉狩り」

植物の色の変化が感じられるこの時期には、紅葉というものを知ることができます。本格的に衣替えを行う時には、お子さんも一緒にすると、学ぶことも多いでしょう。

・食べもの…さつまいも、栗、きのこ
・体験…植物の色の変化や紅葉を知る。衣替えのお手伝い。

11月の行事「七五三」

子どもの成長を祝う風習のひとつとして、「七五三」の意味などについても、親子で一緒に調べてみましょう。神社に詣でる機会も、いい経験になります。

・食べもの…千歳あめ　／　・風習…神社に詣でる。
・体験…七五三の意味について調べる。冬に備えるストーブやこたつの準備を手伝う。

12月の行事「クリスマス」

親子で一緒にクリスマスツリーやリースの飾り付けをしたり、サンタさんにお願いするプレゼントを絵で描いて、サンタさん宛ての手紙にするのもいいでしょう。

・飾り…クリスマスツリー、リース
・食べもの…クリスマスケーキ
・体験…ケーキやごちそう作りのお手伝い。年越しの行事や新年を迎える準備のお手伝い。

●編集協力　中西未紀
●企画構成　オフィス パーソナル

伸芽会教育研究所
（しんがかいきょういくけんきゅうじょ）

1956年創立。小学校・幼稚園受験を目指す幼児教室の草分け的存在として、子どもの創造性を伸ばす独自の教育理念を実践。創立以来、驚異的な名門私立小学校合格率を誇り、わが子を優秀な人間に育てたいと思う親から絶大な信頼を寄せられている。現在首都圏を中心に26教室、関西にも2教室を展開、卒業生は12万人を超える。豊富な情報量を基に、首都圏私立・国立小学校・幼稚園各種情報誌をはじめ、『有名小学校入試問題集』『有名小学校別過去入試問題集』『有名小入試 項目別問題集「ステップナビ」』など、毎年多数の出版物を刊行している。

佐藤眞理（さとう・まり）

東京学芸大学卒業。幼児教育指導歴35年。雙葉小学校ほか、聖心、白百合などの名門女子校や、慶應、早実をはじめ、有名私立・国立小学校、有名幼稚園などに多数の合格者を送りだしている。子ども一人ひとりの個性を見極めながら確実な成長を促し、子どもの潜在的な力を引き出していく指導と、学校情報および受験データをふまえた的確なアドバイスに、長年にわたり保護者からの信頼も厚い。現在、伸芽会教育研究所主席研究員として、受験情報の収集と分析、1歳児から年長児までの指導カリキュラムや各種入試問題集などの作成、後進の指導に携わっている。

伸芽《しんが》会式《かいしき》 子《こ》どもを伸《の》ばす家庭教育《かていきょういく》「5つの力《ちから》」

二〇一〇年六月三〇日　第一刷発行
二〇一四年七月三一日　第二刷発行

著者――伸芽《しんが》会教育研究所《かいきょういくけんきゅうじょ》　佐藤眞理《さとうまり》

ブックデザイン――アルビレオ

発行者――鈴木 哲　**発行所**――株式会社講談社
東京都文京区音羽二丁目一二―二一　郵便番号一一二―八〇〇一
電話　編集〇三―五三九五―三五三〇　販売〇三―五三九五―三六二二　業務〇三―五三九五―三六一五
本文組版・イラスト――朝日メディアインターナショナル株式会社
印刷所――慶昌堂印刷株式会社　**製本所**――株式会社国宝社

落丁本・乱丁本は購入書店名を明記のうえ、小社業務部あてにお送りください。送料小社負担にてお取り替えいたします。なお、この本の内容についてのお問い合わせは生活文化第三出版部あてにお願いいたします。

ISBN978-4-06-216322-4
定価はカバーに表示してあります。